Bildungssystem und Lehrerbildung im Fokus aktueller Diskussionen

T0346340

ERZIEHUNGSKONZEPTIONEN UND PRAXIS

Herausgegeben von Gerd-Bodo von Carlsburg

Band 67

PETER LANG

Frankfurt am Main · Berlin · Bern · Bruxelles · New York · Oxford · Wien

Bruno Hamann

Bildungssystem und Lehrerbildung im Fokus aktueller Diskussionen

Bestandsaufnahme und Perspektiven

PETER LANG

Europäischer Verlag der Wissenschaften

Bibliografische Information Der Deutschen Bibliothek
Die Deutsche Bibliothek verzeichnet diese Publikation in der
Deutschen Nationalbibliografie; detaillierte bibliografische
Daten sind im Internet über <http://dnb.ddb.de> abrufbar.

Gedruckt auf alterungsbeständigem,
säurefreiem Papier.

ISSN 0723-7464
ISBN 3-631-55788-4

© Peter Lang GmbH
Europäischer Verlag der Wissenschaften
Frankfurt am Main 2006
Alle Rechte vorbehalten.

Printed in Germany 1 2 3 4 5   7

www.peterlang.de

Meiner lieben Frau

in Dankbarkeit gewidmet

Vorwort

In den unter Fachleuten und in der Öffentlichkeit geführten Diskussionen um die Funktion von Bildung spielt heute die Frage nach Schul- und Unterrichtsqualität eine zentrale Rolle. In diesem Rahmen stellt sich neben der Klärung der Funktionalität von Schule generell auch das Problem nach Auftrag und Bedeutung der in oder im Umfeld von Schule Agierenden: besonders Administratoren und Lehrkräfte. Auf letztere als den hauptsächlichsten Funktionsträgern schulischen Geschehens sei in den hier vorgelegten Ausführungen schwerpunktmäßig der Blick gelenkt.

Die Frage nach Bedeutung, beruflichen Aufgaben und Wirksamkeit von Lehrkräften ist eng verknüpft mit dem Komplex Lehrerbildung. Was diese leisten soll und kann wird hier thematisiert und aus verschiedenen Perspektiven beleuchtet. Dabei wird auf situative Gegebenheiten sowie auf Neuordnungsbestrebungen Bezug genommen.

Vorliegende Publikation bezweckt, markante Fragestellungen und Diskussionsschwerpunkte zu Schulqualität, zu Aus-, Fort- und Weiterbildung von Lehrpersonal, zu einem zukunftsträchtigen Lehrerbild sowie zu Komponenten eines qualitätsvollen Bildungs-/Schulsystems zu skizzieren. In fünf Kapiteln wird versucht, einen Überblick über themenbezogene Kernfragen zu vermitteln. Die Kapitel sind in sich relativ abgerundet. Sie können also auch einzeln und in anderer als der dargebotenen Reihenfolge gelesen werden.

Die inhaltliche Darstellung der hier behandelten Themenkomplexe zeigt folgende Markierungen: Das erste Kapitel bietet deutlich ausgeprägte Kennzeichen moderner Schulentwicklung. Im zweiten und dritten Kapitel werden Aufgaben und Tendenzen der Lehrerbildung (Aus-, Fort- und Weiterbildung) thematisiert. Das vierte Kapitel beinhaltet Merkmale und berufliche Anforderungen professionellen Lehrerhandelns. Im fünften Kapitel werden zentrale Komponenten und Indikatoren eines effizienten Bildungssystems und neuer Herausforderungen an das qualitätssichernde Schul- und Unterrichtssystem herausgestellt.

Die hier präsentierte Veröffentlichung richtet sich vornehmlich an Studierende der Pädagogik, Lehrkräfte, Lehrerbildner, Schuladministratoren, Bildungspolitiker und interessierte Eltern. Zu danken habe ich dem Herausgeber und dem Verleger der Reihe „Erziehungskonzeptionen und Praxis" für die darin erfolgte Aufnahme sowie Isa Adrianyi-Evers und Claudia Evers für die computertechnische Aufbereitung des Manuskripts.

Heidelberg, im März 2006   Bruno Hamann

Inhaltsverzeichnis

I. Was eine moderne Schule sein und leisten soll
Reformperspektiven aus mehrdimensionaler Sicht

Seit geraumer Zeit gibt es vielerorts vermehrte Anstrengungen, das Qualitätsniveau im Schul- und Bildungsbereich zu verbessern. Beweise dafür sind die reformerischen Bemühungen auf nationaler Ebene wie auch die in vielen Staaten beobachtbaren Bestrebungen, die Effizienz ihrer Bildungssysteme zu erhöhen. Die darauf bezogenen diversen Untersuchungen wie auch umfänglich angelegte internationale Vergleichsstudien dienen nicht zuletzt genanntem Zweck. Das gilt auch für die internationale Bildungsvergleichsstudie der OECD mit dem Kürzel PISA (Programme for International Student Assessment): einer Studie, in der es zentral um Basiskompetenzen und Leistungsvergleiche von 15-jährigen Schülerinnen und Schülern in den Bereichen Lesen, Mathematik und Naturwissenschaften sowie in fächerübergreifenden Domänen geht. In Anbetracht der Ergebnisse der PISA-Tests, denen zufolge zusammengenommen Deutschland auf Platz 21 der insgesamt 32 untersuchten Länder rangiert (Deutsches PISA-Konsortium 2001), wurde wegen des schlechten Abschneidens deutscher Schüler eine hektische Betriebsamkeit ausgelöst. Solche reicht von Stellungnahmen zur Studie (einschließlich deren Bewertung selbst) bis zur Forderung nach Konsequenzen und Empfehlungen betreffs einschneidender Veränderungen im Bildungssystem (vgl. u. a. Stellungnahmen und Postulate der KMK, der GEW, von Bildungsexperten) sowie der Inangriffnahme gewisser postulierter Maßnahmen (vgl. z. B.:KMK 2001; GEW 2002).

1. Anmerkungen zu Resultaten und Grenzen der PISA-Studie

Ergebnisse der PISA-Studie sind hilfreich aber nicht ausreichend: hilfreich, weil sie auf erhebliche Mängel des derzeitigen Schulwesens hinweisen; nicht ausreichend, weil die der Untersuchung zugrunde gelegten Kategorien keine zureichende Basis bilden für die Ermittlung der zur Bildung gehörenden Sektoren (und Indikatoren). So finden etwa wesentliche Bildungsdimensionen keine gebührende Berücksichtigung. Solche betreffen sowohl den Wissens- als auch den Verhaltensbereich. Um zu einem realitätsbezogeneren Urteil über Bildungsdefizite zu kommen, sind noch ergänzende Studien unverzichtbar. Diese müssten unter einer spezifizierenden Betrachtungsweise bisher nicht oder kaum erwogene (aber bedeutsame) Bildungskomponenten bzw. -dimensionen aufgreifen: wie z. B. ästhetische, ethische, interkulturelle, religiöse, empathische ... (Zu weiteren Aspekten und Merkmalen lebensqualifizierender Bildung vgl. u. a. Arbeitsstab Forum Bildung I 2001; B. Hamann/B. Hamann 2002).

Die PISA-Studie hat auch noch in anderer Hinsicht Grenzen. Da sie das Leistungsvermögen der Schüler am Ende der Schulpflichtzeit konstatieren wollte (also vor Beginn der gymnasialen Oberstufe), bezieht sie sich auf die Fünfzehnjährigen. Die Prüfung erstreckte sich demnach schwerpunktmäßig auf Altersjahrgänge, nicht auf Klassen. Insofern wurde auch der Unterricht nur bedingt erfasst. Da jedoch die primäre Intention der Feststellung der Schülerfähigkeiten galt, sind die Aussagen der eben darauf bezogenen Untersuchungsergebnisse relevant, gültig und kaum relativierbar. Das gilt auch, wenn Skeptiker hie und da an dem eingeengten "Kompetenzenspektrum" oder /und gegen angewandte Methoden Einwände erheben. In letztgenannter Hinsicht wird speziell der methodische Universalismus bemängelt, der alle Schüler mit den gleichen Fragen konfrontiert habe, ohne die Eigentümlichkeiten der nationalen Schulsysteme gebührend zu berücksichtigen.

Ohne mich in den folgenden Ausführungen mit beachtenswerten Ergebnissen und Schwachstellen (Defiziten) der PISA-Studie auseinander setzen zu wollen - was m. E. sowohl in der Fachliteratur, in Debatten von Bildungsforen, in Stellungnahmen der Kultusministerkonferenz, Bildungskommissionen, Lehrerverbänden und in mehr oder weniger sachkundigen Beiträgen in Tagespresse, Zeit- und Wochenzeitschriften in beträchtlichem Maße der Fall ist - sei hier der Blick auf verschiedene Postulate und Reformperspektiven gerichtet, die mit dem Profil einer modernen und zukunftsgerichteten Schule verbunden werden.

2. Reformerische Gesichtspunkte zur Sicherstellung einer qualitativen und zukunftsfähigen Bildung

Die Tatsache, dass Gesellschaft und Wirtschaft sich in einem umfassenden Strukturwandel befinden, der alle Arbeits- und Lebensbereiche umfasst, sowie das Faktum, dass das Wissen immer schneller anwächst und der Umgang damit immer schwieriger wird, bewirken eine stetig zunehmende Schlüsselrolle von Bildung. Laut Äußerung des "Forum Bildung", einer Einrichtung der Bund-Länder-Kommission, kommt dieser eine dreifache Zieldimension zu: Bildung bietet persönliche Orientierung in einer komplexer werdenden Welt; sie ermöglicht Teilhabe und die Gestaltung des gesellschaftlichen Lebens; sie ist der Schlüssel zum Arbeitsmarkt und Grundlage für wirtschaftliche Entwicklung (Arbeitsstab Forum Bildung I/2001, S. 6). "Bildung steht vor der doppelten Herausforderung, Wissen und Kompetenzen zu vermitteln, die in Zukunft über Lebenschancen des Einzelnen und über gesellschaftlichen Fortschritt entscheiden, und gleichzeitig soziale Ausgrenzung angesichts ständig steigender und neuer Qualifikationsanforderungen zu verhindern und bestehende Ausgrenzung zurückzudrängen" (ebd., S. 46). In den vom genannten Forum vorgelegten und in zwölf Thesen zusammengefassten Empfehlungen für Reformen im deutschen Bildungswesen werden als vordringlich erachtet: frühe Förderung, individuelle Förderung, die Verwirklichung lebenslangen Lernens für alle, die Erziehung zu Verantwortung und die Reform der Aus- und Weiterbildung der Lehrenden.

Mit breit angelegten Themenstellungen über zukünftige Bildung und Bildung der Zukunft bietet der "Erste Kongress des Forum Bildung" in Berlin (2000), umfangreiche Materialien, die zur Erörterung wichtiger Grund- und Detailfragen Anlass geben (vgl. Arbeitsstab Forum Bildung 3/2000).

Zu den in letzter Zeit mit Qualität und Zukunftsfähigkeit unseres Bildungssystems befassten Kongressen und Initiativen ist u. a. auch der von der Deutschen Bischofskonferenz und der Evangelischen Kirche in Deutschland (EKD) gemeinsam veranstaltete Kongress "Tempi-Bildung im Zeitalter der Beschleunigung" (November 2000) zu nennen. Die dort unter verschiedenen Aspekten erfolgten Beiträge, die sich mit der für die Zukunft benötigten Bildung und darauf bezogenen Kriterien neuen Lernens auseinandersetzten – teils in markanten Thesen gefasst – stellen in Anbetracht der Debatte um Revision der Strukturen und Inhalte eines effizienteren Bildungssystems bedeutsame Vorschläge dar (vgl. Bericht von H.-J. Grossimlinghaus und Thesen-Dokumentation in Unitas 140/141 (6) 2000-1/2001, 4-7).

In den genannten wie auch in anderen themenbezogenen Debatten und Publikationen wird darauf abgehoben, dass zentrale Aufgabe des Bildungssystems – speziell auch der Schule – sei, für die Lebenswelt zu qualifizieren. Dazu gehöre insbesondere, lebensdienliche Kompetenzen resp. Schlüsselqualifikationen zu vermitteln, wobei sowohl Interessen und Bedürfnisse des lernenden Individuums (Subjekts) als auch der Objektwelt (sozial-kulturelle Welt) zu berücksichtigen sind. Die hier gemeinten individual-personal wie sozial-kultural bedeutsamen Qualifikationen, die auch als Lernziele deklariert werden können, lassen sich als grundlegende Kompetenzen und unverzichtbare Fähigkeiten kennzeichnen.

3. Lebensdienliche Schlüsselqualifikationen

Menschen brauchen Verhaltensnormen und Orientierungsmuster, die ihnen erleichtern, sich in der Welt der heutigen Umbrüche zurecht zu finden und den an sie gestellten Anforderungen gewachsen zu sein. Demgemäß gilt es, ein lebens- und welterschließendes Basiswissen grundzulegen und handlungsleitende Erkenntnisse und Gestaltungsformen anzubahnen sowie auszubauen. Diesbezüglich nötige Einflussnahmen auf Verstehens-, Handlungs- und Verhaltenshorizonte bedingen zielgerechte pädagogische Aktivitäten (seitens der Pädagogen bzw. pädagogischer Institutionen). Andererseits erfordert der Gewinn bzw. Erwerb eines wünschenswerten Welt- und Lebensverständnisses sowie konformer Handlungs- und Verhaltensweisen bestimmte Qualifikationen resp. Fähigkeiten (seitens heranwachsender Kinder), die eingeübt und gelernt werden müssen. Auf einige, deren Bedeutsamkeit unbestritten sein dürfte, sei hier aufmerksam gemacht.

In einer Zeit der medialen Umbrüche und der Globalisierung mit einem gewaltigen Anwachsen von Wissen und Informationen stellt sich die Frage, wie und nach welchen Kriterien kann aus der unermesslichen Menge von verfügbaren Daten eine sachgerechte und effiziente Auswahl getroffen werden; was lohnt sich, gewusst und gelernt zu werden. Maßstab dafür ist – so kann man formelhaft sagen – ein gutes (ethischen Prinzipien entsprechendes) Leben in einer komplexen Welt. Unter Hinweis auf die lebensdienliche Funktion von Wissens-

elementen und Informationen fordert daher der genannte gemeinsame Bildungskongress von evangelischer und katholischer Kirche (2000): Kriterium des neu-
en Lernens sei, Weltwissen in Lebenswissen zu transformieren (vgl. These 3 der
Dokumentation zu "Tempi-Bildung ...", S. 6).

Die hiermit angezielte Fähigkeit, unter einer Mehrzahl von Daten und Angeboten eine lebensdienliche Auswahl zu treffen, ist eine der vortrefflichsten
Aufgaben schulischer Kompetenzvermittlung. Eine weitere grundlegende (und
sozusagen über anderen stehende) ist die Befähigung zur Herstellung von Zusammenhängen von Erfahrenem, auch zwischen sonstigen Dingen und Verhält-
nissen in der umgebenden Sach- und Mitwelt. Wichtig ist dabei auch die Herstellung eines bewussten Zusammenhangs zwischen den Interessen und Bedürf-
nissen des Menschen und den ihn zum Handeln herausfordernden Ansprüchen
der dringlichen und geistigen Welt.

Als weitere für das Welt- und Lebensverständnis relevante, der Lebensori-
entierung und Lebensführung dienliche Schlüsselqualifikationen – die als Lernziele deklariert werden können – wären auch folgende zu nennen (s. a. O. Negt
1999, S. 63 ff.):

- die Kompetenz zu einer aufgeklärten Umgangsweise mit bedrohter und ge-
  brochener Identität (Identitätskompetenz);
- die Fähigkeit, mit Technologien umzugehen, sie in ihrer Entwicklung und ihren Wirkungen zu begreifen und ein Unterscheidungsvermögen – betreffs
  schädlicher und nützlicher Technologien – zu entwickeln (technologische
  Kompetenz);
- die Fähigkeit, Recht und Unrecht wahrzunehmen, für Gerechtigkeit und
  Wahrung des Eigenrechts von Menschen, Tieren und Dingen einzustehen
  (Gerechtigkeitskompetenz);
- die Fähigkeit, mit Menschen, mit der äußeren und inneren Natur sowie den
  Dingen pfleglich umzugehen (ökologische Kompetenz);

Man kann noch weitere Kompetenzen anführen, die ein Lernen ausmachen, das
der Orientierung und Daseins- bzw. Aufgabenbewältigung in unserer Welt dient.
Als heute und zukünftig unverzichtbar erscheinen meines Erachtens noch diese:

- die Fähigkeit, mit der Zeit überhaupt und im Besonderen mit der frei verfügbaren Zeit sinnvoll umzugehen bzw. einen sinnvollen Gebrauch davon zu
  machen (Freizeitkompetenz);
- die Fähigkeit, mit Medien sachgerecht umzugehen, sich ihrer Funktionen und
  Wirkungen zu vergewissern sowie sie kritisch zu nutzen (Medienkompetenz);
- die Fähigkeit, angesichts von Handlungsalternativen entscheiden zu können,
  welche Handlung in der je gegebenen Situation die bessere, die richtigere ist,
  welche Dinge oder Phänomene der Welt für das eigene Handeln mehr oder
  weniger wertvoll (erstrebenswert) sind (Werturteilskompetenz);

- die Fähigkeit, eine innovative, schöpferische und explorative Bewältigung der Aufgaben in der Berufs- und Arbeitswelt zu ermöglichen (aufgabenbezogene Realisierungskompetenz):
- die Fähigkeit, über sich und die reale Welt hinaus nach dem Sinn des Ganzen und des Lebens zu fragen und von diesem Sinnverständnis her eine das Dasein mitbestimmende Prägung zu erfahren (religiöse Kompetenz);
- die Fähigkeit, in Kommunikationsprozessen zwischen Dialogpartnern (zwischen Individuum und anderen, zwischen Gruppenmitgliedern) die Absichten, Interessen und Bedürfnisse der einen Seite dem Gegenüber angemessen zugänglich zu machen sowie die des Gegenübers wahrzunehmen und sich auf eine Auseinandersetzung damit einzulassen (Kommunikationskompetenz);
- die Fähigkeit, materielle und geistige Leistungen eines Kollektivs als konstituierende "Güter" gesellschaftlichen Lebens sowie als Techniken der Daseinsgestaltung zu verstehen, daran zu partizipieren und für deren Erhalt, Erneuerung und Weitergabe sich verantwortlich zu engagieren (kulturelle Kompetenz);
- die Fähigkeit, gleichwertiges Nebeneinander unterschiedlicher Kulturen zu akzeptieren und vielfältige weltanschauliche Einstellungen als Fundamente ideenreicher Lebensgestaltungsformen anzuerkennen (interkulturelle Kompetenz).
- die Fähigkeit, das Schöne, Ausgewogene, Geschmackvolle vom Unschönen unterscheiden zu können sowie im Umgang mit Kunst, Literatur, Musik und anderen Umweltgegebenheiten (Erscheinungsformen resp. Gegenständen der Realität) ästhetische Gesichtspunkte zur Grundlage des Beurteilens und des Verhaltens zu machen (ästhetische Kompetenz).

Was die von Zeit- und Lebenssituation herausgeforderten Qualifikationen betrifft, kann angemerkt werden, dass neben den bereits angeführten Schlüsselqualifikationen auch noch andere bedeutsam sind, wie Kritikfähigkeit, Eigenverantwortlichkeit, Kreativität, Problemlösungskompetenz, Solidaritätsbewusstsein. Für eine Reihe der oben aufgelisteten Fähigkeiten bzw. Qualifikationen ist ein breites Wissen unerlässliches Fundament: sozusagen die Voraussetzung für anspruchsvolles und zielführendes Denken, Urteilen und Handeln.

4. Schule als Lern- und Lebensraum

Unter dem Aspekt, dass Schule für viele junge Menschen einen lebensentscheidenden Faktor darstellt, der ihren Lebensweg maßgeblich bestimmt und prägt, kann ihre Gestaltungskraft nicht hoch genug eingeschätzt werden. Ihre Befähigung resp. Effektivität beruht weitgehend auf ihrer Funktionalität als lernendes System, wobei ihr Strukturmerkmal als "Haus des Lernens und Lebens" besonders relevant ist.

Die Qualität der Schule als "Haus des Lernens" und "Ort des Lebens" hängt von verschiedenen Faktoren ab. Eingedenk der Tatsache, dass für die Qualität einer Schule sehr komplexe und vielfach interdependente Elemente ausschlaggebend sind, lassen sich doch eine Reihe von Qualitätsmerkmalen benennen und beschreiben, die als Kriterien für eine zeitgemäße Schule gelten können.

Schulbezogene Qualitätsaspekte

Die generelle Frage, unter welchen Aspekten die Qualitätsfeststellung von Schule bzw. die Bestimmung von Schulqualität erfolgen kann, lässt sich so beantworten: Dies kann in struktureller, prozesshafter und inhaltlicher Hinsicht bzw. Blickrichtung geschehen. Aber auch andere Prüfsteine können dafür herangezogen werden: so etwa anthropologische, pädagogische, psychologische, soziologische Vorannahmen.

Eine große Rolle für die Qualitätsfeststellung spielt die Interpretation und Zweckbestimmung von Schule: Zu welchem Zweck ist sie da, welches ist ihr Sinn? Weithin wird postuliert, sie solle die nachwachsende Generation dazu befähigen, ihr Leben künftig selbstständig sinnvoll zu gestalten. Neben diese individuale tritt auch noch eine sozial-gesellschaftliche und kulturelle Zweckbestimmung (wobei auf ihre Funktion bzw. ihren Auftrag verwiesen wird, zur Mitgestaltung des gesellschaftlichen Lebens sowie der Kultur-/Wertwelt einen spezifischen Beitrag zu leisten).

Ohne auf die aspekt- und detailorientierte Qualitätsdiskussion im Bildungsbereich in extenso eingehen zu wollen (vgl. dazu etwa A. Helmke u. a. 2000) seien hier einige Qualitätsaspekte im Bereich Schule hervorgehoben (vgl. dazu z. B.: H. Brügelmann 1999; G. Kempfert/H.-G. Rolff 1999; V. Ladenthin 2000; E. Terhart 2000; Verband Bildung und Erziehung 2000). Schwerpunktmäßig sollen dabei einige besonders hervorstechende Qualitätsmerkmale einer "guten" Schule akzentuiert werden.

Qualitätsmerkmale zukunftsgerichteter Schule

Die Frage, wie Schule sein soll, was ihr angesichts zeitgeschichtlicher Gegebenheiten und absehbarer Aufgaben zur Bewältigung gegenwärtiger und zukünftiger Lebensaufgaben abverlangt werden kann, wird sehr kontrovers diskutiert: je nachdem, worin ihr zentraler Auftrag und ihr Innovationsbedarf detailliert gesehen wird. W. Wiater z. B. fordert unter Verweis auf ihr Leistungs-Soll in puncto Förderung der Persönlichkeitsbildung und der Anleitung zu vertieftem Weltverstehen und verantwortlicher Mitgestaltung sozial-kulturellen Lebens solche Schulen,

– die ihren Erziehungs- und Bildungsauftrag überhaupt ausüben können,
– die Lern- und Leistungsfähigkeit der Kinder und Jugendlichen herausfordern,
– in denen nach modernen Unterrichtsprinzipien unterrichtet wird,
– deren Lehrerkollegien an einer permanenten Verbesserung ihrer Schule interessiert sind (W. Wiater 1998, S. 6 ff.).

Und andere Autoren resp. Gremien, die sich ausführlich mit Qualitätsmerkmalen einer modernen Schule befassen (wie etwa die oben genannten) stellen mit unterschiedlichen Schwerpunktsetzungen als wesentliche Charakteristika heraus:

- eine zufrieden stellende Schulatmosphäre
  (ein das Unterrichtsgeschehen und das Schulleben als Ganzes – also die Schulwirklichkeit – durchziehendes geistiges Fluidum, das im Umgang und in allen Interaktions- und Kooperationsformen als diese mitbestimmend und positiv erfahrbar wird),
- eine zureichende Deckung des Unterrichtsbedarfs
  (wobei das Ausmaß des in der Stundentafel vorgesehenen Unterrichts mit einem unverkürzten Bildungsangebot dem Anspruch der Schule auf allseitige Förderung der Bildungskräfte junger Menschen entspricht),
- ein ausgeprägtes Schulprofil
  (bei dem die Eigenarten bzw. Charakteristika dieses institutionellen Gebildes bei Außen- und Innenbetrachtung ein markantes, anregungsträchtiges und unverwechselbares Bild abgeben),
- eine gehobene Lernkultur
  (bezieht sich nicht nur auf eine erweiterte Palette von Lerngegenständen und tradierten Lernformen; über den einsichtigen Erwerb von Kenntnissen, Fähigkeiten und Fertigkeiten hinaus wird auch dem Erlernen von Motiven und Einstellungen größere Bedeutung beigemessen, ebenso gruppenspezifischem medialem, lebenslangem Lernen),
- verbesserte Schülerleistungen
  (angestrebt in fachlichen Bereichen und fächerübergreifenden Domänen; überprüft durch Qualitätskontrollen, auch unter Einsatz standardisierter Evaluationen),
- professionell agierende Lehrer
  (aufgrund eines breiten Sachwissens und Handlungswissens sowie vorhandener sozialer und personaler Kompetenz).

5. Neuere Tendenzen und Konzepte der Schulentwicklung

Gesellschaftliche Entwicklungen, globale Veränderungen und humane Bedürfnisse nötigen in vielen Daseins- und Lebensbereichen zu Revisionen und Reformen. Auch das Erziehungs- und Bildungswesen steht diesbezüglich vor neuen Herausforderungen (vgl. z. B. Altrichter u. a. 1998; J. Keuffer 1998; H. Klippert 2000; A. Schavan 1998). Mit dem Anspruch H. v. Hentigs "Die Schule neu denken" (1993) wissen sich heute viele einig. Weithin wird verlangt, sie menschen-, gesellschafts- und kulturdienlich zu reformieren: sie diesbezüglich strukturell und inhaltlich zu bereinigen und für kreative Neuerungen Raum zu schaffen (zu Reformperspektiven einzelner Bildungsbereiche/Schularten vgl. B. Hamann/B. Hamann, S. 67 ff.).

Schwerpunkte der Neugestaltung

Einzufordernde Innovationen nötigen vor allem in zweierlei Hinsicht zu konzeptionellen Veränderungen: 1. hinsichtlich Verbesserung ihrer Organisations- und Kommunikationsstruktur (als soziales System), 2. hinsichtlich Verbesserung der Unterrichtsprozesse (durch Erneuerung des Klimas, der Formen und Inhalte pädagogischer Arbeit).

Die Konzepte organisations- und kommunikationsstruktureller Neugestaltung der Schule, die sich grundsätzlich mit Aufbau, Gliederung und planmäßiger Regulierung des Schulsystems und des dort statthabenden Betriebs von der Unterrichtsverwaltung bis hin zu den einzelnen Schulen befassen, zielen auf Abbau verkrusteter und hierarchisch-bürokratischer Formen und Regulierungen: Dabei geht es nicht nur um die Verbesserung der "äußeren" Organisationsstrukturen und Maßgaben, sondern auch um solche, die "innere" Gestaltungsformen und Ordnungsfunktionen betreffen. Bezweckt werden diesbezüglich verbesserte kommunikative und arbeits- resp. rollenbezogene Umgangs- und Handlungsformen aller am schulischen Geschehen Beteiligten (unter bestmöglicher Wahrnehmung von Mitwirkungsmöglichkeiten und Funktionsaufgaben).

Die Konzepte innerer Neugestaltung, die zwar die Notwendigkeit organisationsstruktureller Maßgaben und Reglementierungen (wie die Rahmenbedingungen samt der Aufgaben- und Arbeitsverteilungen) betonen, um ein ordnungsgemäßes Funktionieren des Schulbetriebs zu garantieren, sind großenteils auf pädagogisch-inhaltliche Aspekte fokussiert.

Unterricht und fachliches Lernen bleiben auch unter letztgenannter konzeptioneller Neuerungstendenz Zentrum und Kern der Schule. An ihrem Auftrag, eine qualitätsvolle Bildung zu leisten und auch ihrer Erziehungsfunktion (u. a. edukativer Einflussnahme auf Gesinnung, Einstellungen und Verhalten) gerecht zu werden, ändert das nichts. Stärkeres Gewicht wird allerdings auf neuere Formen des Lehrens und Lernens sowie der Beschäftigung mit zeitgemäßen und lebens(welt)bedeutsamen Lerninhalten gelegt. Anregungen und neue Bewertungen werden weiterhin gegeben in Hinsicht auf differenziert gestaltbare Bildungsgänge, Bedeutung von lebenslangem Lernen und Weiterbildung.

Bezüglich der Lernformen – hier verstanden als Arten des schulischen Erwerbs von Wissen und Fertigkeiten sowie der Aneignung von Motiven und Einstellungen – wird gefordert, dass diese nicht bei frontaler Darbietung, in engen Zeit- und Fächergrenzen erfolgen und auf kognitives "Erfassen" begrenzt bleiben. Neben sachlich-fachlichen Kenntnissen müssen auch Methoden ihrer Erschließung und Nutzung vermittelt werden. Lernen muss an Erfahrungen anknüpfen, Interessen des Individuums mit berücksichtigen, praxis- und ggf. projektorientiert sein.

Den Herausforderungen heutiger und zukünftiger Zeit entsprechend müssen auch die Lehr- und Lerninhalte einer Revision unterzogen werden. Postulate wie individuale und soziale Verantwortung, Auseinandersetzung mit ökonomischen, ökologischen, politischen, interkulturellen und auch weltanschaulichen

Fragen nötigen zu einer Horizont- und Bewusstseinserweiterung. Problemstellungen, die damit verbunden sind, müssen neben fachspezifischen Inhalten ein größeres Gewicht bzw. höheren Stellenwert erhalten.

Die Forderung nach differenziert gestaltbaren Bildungsgängen ist in dem Faktum begründet, dass in der Lebenswelt, für welche Schule ja zu qualifizieren hat, verschiedene subjektive und objektive Bedürfnisse vorhanden sind, und dass es in der Schülerschaft unterschiedliche Interessen, Neigungen und Leistungsvermögen gibt. Diese verlangen ein breites Bildungsangebot, zu dem ein freier Zugang gewährleistet sein muss (Chancengleichheit), und das auch Hoch-, Normal- und Minderbegabten zu ihrem Recht auf optimale Förderung (Chancengerechtigkeit) verhilft.

Der rasche Wandel der Informations- und Wissensflut sowie existenter Lebenssituationen erfordern auch – wie bereits angedeutet – Motivationen und Angebote zu lebenslangem Lernen und Weiterbildung: zur Erweiterung von Kenntnissen, Fähigkeiten und Fertigkeiten sowie zur Aktualisierung und Vertiefung lebensweltbezogener Qualifikationen.

Verändertes Leitbild von Schule

Sowohl die Schulentwicklung als "Organisationsentwicklung" (die eine Reformierung der institutionellen Bedingungen von Schulen erstrebt), als auch die Schulentwicklung als "pädagogische Entwicklung" (welche vorrangig auf Unterrichtsprozesse gerichtet, die Bewältigung von schulischen Alltagsproblemen und eine neue Lernkultur erstrebt), sind auf ein verändertes Leitbild von Schule bezogen. Schulische Erneuerung und die Lösung der in ihrem Raum anstehenden Probleme zeitigen nach heute vorherrschender Meinung dann einen größeren Erfolg, wenn Schule äußerlich wie innerlich ein anderes Profil gewinnt: d. h. wenn ihr als lebensdienlicher Institution mehr Autorität bzw. Selbständigkeit und Eigenverantwortung (betreffs verwaltungsmäßiger und pädagogischer Entscheidungskompetenz, Schulprogrammarbeit) zukommt.

Mit diesem gewandelten Verständnis von Schule verbindet sich ein Abrücken von der Vorstellung, die traditionell hierarchisch-bürokratisch organisierte Schule mit ihrer dirigistischen Befehls- und Maßgabenstruktur bis hinein in die konkreten Arbeitsprozesse könne auch fürderhin zum Erreichen gesteckter Ziele führen. Effektive Schulgestaltung - so die korrigierte Einsicht - könne nicht von oben her (unter direktiven - allgemein bestimmenden - verantwortlichen Vorgaben staatlicher Organe) erfolgsgarantierend initiiert und gesteuert werden. Größere Erfolge versprechen hingegen Reformmaßnahmen zur Stärkung der Schule selbst, vor allem der Einzelschule (als "pädagogischer Handlungseinheit"). Von dieser erwartet man, dass sie sich nicht nur verantwortlich den schulischen Herausforderungen für heute und morgen im Allgemeinen stellt, sondern auch den Problemen vor Ort besser entsprechen kann. Den dort fungierenden Akteuren (Lehrer, Leitung, Schüler, Eltern, nicht lehrendes Personal) traut man einen besonders starken Gestaltungswillen zu, wenn es um die gemeinsame (Höher-)

Entwicklung der eigenen ("ihrer") Schule und um die Mitwirkung bei der Herstellung optimaler Verhältnisse in pädagogischen Belangen geht. Auf allen Schulstufen und in allen Schularten können dabei gewisse – wenn auch unterschiedliche – Profilierungen angezielt und herausgebildet werden: solche mit einem auf ein vernünftiges Maß begrenzte schuleigene pädagogische Schwerpunktsetzungen, Orientierung an der Lern- und Lebenssituation der Schüler, hohen Leistungsansprüchen, funktionierender Teamarbeit, professionellem Knowhow der Lehrer, lebendiger Kommunikationskultur mit integrierender Kraft des Schulleiters, Beteiligung von Eltern und externen Instanzen, Arbeitsformen mit mitgestaltendem Einbezug der Schüler in ihren eigenen Lernprozess.

6. Qualifizierung der Lehrenden

Qualität und Leistungsvermögen der Schule hängen in starkem Maße vom Wissen, Können und Engagement der dort agierenden Lehrer ab. Diese müssen zu professionellem Handeln ermächtigt werden. Worauf sich dieses erstreckt, ergibt sich weitgehend vom Spektrum der von der Schule zu bewältigenden Aufgaben her. Der zentrale Beitrag der Schule zur Persönlichkeitsbildung, zur soliden Beherrschung von grundlegenden Kulturtechniken, zum Aufbau eines lebensweltbezogenen Grundwissens, für die sinnvolle Nutzung der modernen Informations- und Kommunikationstechiken, für die Eröffnung eines Zugangs zur geistigkulturellen Welt (und der ihr inhärenten Daseinsbezüge) deutet auf wichtige Aufgabenkreise des Lehrerseins hin. Solche lassen erkennen, was zum Lehrerhandeln gehört, welche Schlüsselqualifikationen und Kompetenzen die Professionalität des Lehrerberufs aufbauen.

Dem Lehrer als einem "Experten für Erziehung und Unterricht" werden Befähigungen unterschiedlicher Art abverlangt: Dazu gehören die Befähigung zur Entwicklung und Gestaltung von Schule als lernendem System, zu Teamwork, zur Evaluierung der eigenen und kollegialen Arbeit im fachlichen und methodischen Bereich sowie zur Gestaltung von Lernprozessen und Förderung personaler und sozial-kultureller Entwicklung der Schüler. Dass für ein wirksames Lehrerhandeln neben breitem Sachwissen (das über Fachwissen hinausreicht) und Handlungswissen (Vermittlungswissen) auch noch soziale und personale Kompetenz hinzukommen müssen, ist evident.

Aus der Erkenntnis über Berufsaufgaben und zentrale Qualitätsmerkmale wirksamen Lehrerhandelns ergeben sich Hinweise auf die Ausrichtung und Ausgestaltung – auch die Reformierung – der Lehrerbildung.

Die heutigen Anforderungen an die Lehrerbildung sind vielgestaltig und unterscheiden sich recht deutlich in der Gewichtung und Deutung von Kern- und Problemfeldern (vgl. etwa E. Cloer u. a. 2000; K. Czerwenka 1999; D. Höltershinken 1999; O. Jaumann-Graumann/W. Köhnlein 2000; J. Kiersch/ H. Paschen, 2001; KMK 1999; Lehrerbildung ... 2000; B. Ofenbach 1998; N. Seibert 2001; E. Terhart 2000; H. Wenzel 1998). Die meisten mit dem Komplex Lehrerbildung befassten Gremien und Publikationen stimmen allerdings in folgenden Forderungen überein: Festzuhalten an bzw. anzustreben ist/sind

– als unverzichtbar geltende Elemente der Lehrerbildung: Fachstudium, Fachdidaktik, erziehungswissenschaftliche Anteile, schulpraktische Studien;
– die Berücksichtigung des Bildungs- und Erziehungsauftrags der Schule sowie der Funktion, auf lebenslanges Lernen vorzubereiten;
– forcierte Orientierung von Schule resp. Lehrerhandeln am Leben (stärkere Hinordnung auf Entfaltung personalen und gesellschaftlichen Lebens sowie Orientierung an Berufs- und Arbeitswelt);
– Schaffung eines Konsenses über Bildungsziele und unverzichtbare Sachangebote;
– Akzentuierung schulformbezogener Lehr- und Lerninhalte;
– festere Institutionalisierung von Fort- und Weiterbildung.

Zu den Leit- und Zielvorstellungen einer guten Lehrerbildung gehört der Aufbau eines professionellen Handelns durch wissenschaftlich gestützte Anleitung. Damit korrespondiert die Forderung, die für die Unterrichtsinhalte bedeutsamen Wissenschaften systematisch und grundlegend zu studieren. Dabei ist es notwendig – um ein erziehungswissenschaftliches Grundlagenstudium zu gewährleisten – Kenntnisse aus Pädagogik, Schulpädagogik, Pädagogischer Psychologie, Pädagogischer Soziologie obligatorisch zu machen. Bei den fachwissenschaftlichen Studien ist der fundamentale Bezug von Fachdidaktik und Fachwissenschaft angemessen zu berücksichtigen. Fachdidaktischen Studien ist als bedeutsamem Kernbereich für den Aufbau qualitätsvollen Lehrerhandelns gebührende Geltung zu verschaffen.

Die Frage nach Voraussetzungen und Möglichkeiten von bestmöglicher Vermittlung bzw. Erwerb beruflich notwendiger Handlungskompetenzen (Sach-, Fach-, Methoden-, personale und soziale Kompetenz) kann so beantwortet werden: Die beste Gewähr dafür bietet die hochschulmäßige (universitäre) Lehrerbildung mit ihren Elementen erziehungswissenschaftliche, fachwissenschaftliche, fachdidaktische, schulpraktische Studien. Dem hier sichtbaren Bestreben nach Verzahnung von theoretischen Veranstaltungen mit schulpraktischen Erfahrungen (Hospitationen, Erprobungspraktika) kommt dabei große Relevanz zu. Bei den für die Lehrerbildung maßgeblichen Phasen, Lernen an der Universität/Hochschule (1. Phase), Lernen im Referendariat (2. Phase), Lernen im Beruf (3. Phase) zeigt man sich allenthalben um effektivere Gestaltungen bemüht (vgl. z. B.: E. Terhart 2000, S. 83 ff.; B. Hamann/B. Hamann 2002, S. 101 ff.), wobei der Phase der Fort- und Weiterbildung für die Kompetenzerweiterung eine weitaus größere Bedeutung beigemessen wird als früher.

7. Literatur

Altrichter, Herbert; Schley, Wilfried & Schratz, Michael (Hrsg.) (1998). Handbuch zur Schulentwicklung. Innsbruck.

Arbeitsgruppe Bildungsbericht am Max-Planck-Institut für Bildungsforschung (1997). Das Bildungswesen in der Bundesrepublik Deutschland. Reinbek.

Arbeitsstab des Forum Bildung in der Geschäftsstelle der Bund-Länder-Kommission für Bildungsplanung und Forschungsförderung (2000). Erster Kongress des Forum Bildung am 14. und 15. Juli 2000 in Berlin. Materialien des Forum Bildung 3. Bonn.

Arbeitsstab Forum Bildung in der Geschäftsstelle der Bund-Länder-Kommission für Bildungsplanung und Forschungsförderung (2001). Empfehlungen des Forum Bildung. Ergebnisse des Forum Bildung I. Bonn.

Bildungskommission NWR (1995). Zukunft der Bildung - Schule der Zukunft. Neuwied.

Brügelmann, Hans (1999). Was leisten unsere Schulen? Zur Qualität und Evaluation von Unterricht. Seelze.

Cloer, Ernst; Klika, Dorle & Kunert, Hubertus (Hrsg.) (2000). Welche Lehrer braucht das Land? Notwendigkeit und mögliche Reformen der Lehrerbildung. Weinheim.

Czerwenka, Kurt (1999). Lehrerbildung 2000 - Pädagogische Kompetenzen für die Schule von morgen. Forum E, 52(6) 8-13.

Deutsches PISA-Konsortium (Hrsg.) (2001). PISA 2000. Basiskompetenzen von Schülerinnen und Schülern im internationalen Vergleich. Opladen.

GEW = Gewerkschaft Erziehung und Wissenschaft (2002). PISA-Aktuell: Unterlagen der Anhörung im Deutschen Bundestag am 20.03.2002 (PISA-Info 03/2002). Frankfurt/M.

Grossimlinghaus, Hermann-Josef (2000/2001). Was wir wissen wollen sollen ... Bildung nicht nur der Wirtschaft unterordnen. Unitas 140/141 (6/2000-1/2001)4-5.

Hamann, Bruno & Hamann, Birgitta (2002). Neue Herausforderungen für eine zeitgemäße und zukunftsorientierte Schule. Frankfurt/M. u. a.

Hamann, Bruno (1993). Geschichte des Schulwesens. Werden und Wandel der Schule im ideen- und sozialgeschichtlichen Zusammenhang. 2. Aufl. Bad Heilbrunn.

Helmke, Andreas; Hornstein, Walter & Terhart, Ewald (Hrsg.) (2000). Qualität und Qualitätssicherung im Bildungsbereich: Schule, Sozialpädagogik, Hochschule. 41. Beiheft der Zeitschr. für Pädagogik. Weinheim/Basel.

Hentig, Hartmut von (1993). Die Schule neu denken, München.

Höltershinken, Dieter (Hrsg.) (1999). Lehrerbildung im Umbruch. Analysen und Vorschläge zur Neugestaltung. Bochum.

Jaumann-Graumann, Olga & Köhnlein, Walter (Hrsg.) (2000). Lehrerprofessionalität - Lehrerprofessionalisierung (Jahrbuch Grundschulforschung. Bd. 3) Bad Heilbrunn.

Kempfert, Guy & Rolff Hans-Günter (1999). Pädagogische Qualitätsentwicklung: Ein Arbeitsbuch für Schule und Unterricht. Weinheim/Basel.

Keuffer, Josef u. a. (Hrsg.) (1998). Schulkultur als Gestaltungsaufgabe. Weinheim.

Kiersch, Johannes & Paschen, Harm (Hrsg.) (2001). Alternative Konzepte für die Lehrerbildung. Bd. 2: Akzente. Bad Heilbrunn.

Klippert, Heinz (2000). Pädagogische Schulentwicklung. Planungs- und Arbeitshilfen zur Förderung einer neuen Lernkultur. Weinheim.

KMK = Sekretariat der Ständigen Konferenz der Kultusminister der Länder in der Bundesrepublik Deutschland (1999). Perspektiven der Lehrerbildung in Deutschland. Materialband zum Abschlußbericht der von der Kultusministerkonferenz eingesetzten Kommission. Bonn.

KMK = Sekretariat der Ständigen Konferenz der Kultusminister der Länder in der Bundesrepublik Deutschland (2001). Schulisches Lernen muß stärker anwendungsorientiert sein. Praktische Umsetzung der Erkenntnisse aus der PISA-Studie hat höchste Priorität. KMK-Pressemitteilung vom 4.12.2001 (hektogr.). Bonn.

Ladenthin, Volker (2000). Pädagogische Überlegungen zur Schulqualität und ihrer Evaluation. In Sekretariat der Deutschen Bischofskonferenz (Hrsg.), Schulqualität. Beiträge zu einer öffentlichen Diskussion (S. 14-41). Bonn.

Lehrerbildung für das 21. Jahrhundert. Themenschwerpunktheft von "Beiträge zur Lehrerbildung", 18(1) 3-104.

Negt, Oskar (1999). Was künftig gelernt werden sollte. Schlüsselqualifikationen für die Zukunft. In S. Jobelius u. a. (Hrsg.), Bildungs-Offensive (S. 58-70). Hamburg.

Ofenbach, Birgit (Hrsg.) (1998). Lehrerbildung zwischen Provinzialität und Globalität. Rudolf Lassahn zum 70. Geburtstag. Frankfurt/M.

Pädagogische Schulentwicklung - Themenheft von "Pädagogik" Heft 2/1997, Heft 11/1998, Heft 2/1999.

Schavan, Annette (1998). Schule der Zukunft. Bildungsperspektiven für das 21. Jahrhundert, Freiburg.

Seibert, Norbert (Hrsg.) (2001). Probleme der Lehrerbildung. Analysen, Positionen, Lösungsversuche. Bad Heilbrunn.

Tempi-Bildung im Zeitalter der Beschleunigung (2000). Bericht über Bildungskongress der Kirchen - dokumentierte Thesen. Unitas 140/141 (6/2000-1/2001) 4-7.

Terhart, Ewald (2000). Qualität und Qualitätssicherung im Schulsystem. Hintergründe - Konzepte - Probleme. Zeitschr. für Pädagogik, 46(6) 809-820.

Terhart, Erhard (Hrsg.) (2000). Perspektiven der Lehrerbildung in Deutschland. Abschlußbericht der von der Kultusministerkonferenz eingesetzten Kommission. Weinheim/Basel.

Verband Bildung und Erziehung (Hrsg.) (2000). Deutscher Lehrertag 1999: Schule und Leistung. Bonn.

Wenzel, Hartmut (1998). Neue Konzepte zur pädagogischen Schulentwicklung und die Qualifizierung der Akteure. In J. Keuffer u. a. (Hrsg.), Schulkultur als Gestaltungsaufgabe (S. 241-259). Weinheim.

Wiater, Werner 1998). Welche Schulen braucht das Land? Ibw-journal, 36(3) 3-6.

II. Aufgaben und Neuerungsbestrebungen zukunftsorientierter Lehrerbildung: Diskussionsbeitrag zu einer aktuellen Debatte

1. Einleitende Bemerkungen zu Situation und Reformtendenzen des Problemfeldes Lehrerbildung

Im deutschen Bildungswesen bekundet sich in den letzten Jahrzehnten ein verstärktes Bestreben um Vereinheitlichung und Verbesserung von Strukturen, Inhalten und Prozessen des Bildungssystems. Das zeigt sich in den verschiedenen institutionalisierten Einrichtungen bzw. Bereichen: auch in der Lehrerbildung und deren Phasen (universitäre Ausbildung Vorbereitungsdienst, Fort- und Weiterbildung).

Hinsichtlich der Ausgestaltung der Lehrerausbildung, die nicht nur qualitativ verbessert, sondern auch europa-kompatibel gestaltet sein soll, orientiert man sich in Deutschland tendenziell an Vereinbarungen, wie sie als Rahmenvorgaben der Kultusministerkonferenz (KMK) verfügbar sind. Besondere Beachtung finden die dort gebotenen Eckdaten im Hinblick auf Regelstudienzeiten, Studienvolumen und Studienelemente für die Ausgestaltung der Lehramtstudiengänge. Darüber hinaus orientiert man sich an den in den Rahmenvorgaben enthaltenen Vereinbarungen bezüglich der Abschlussprüfungen, Schulpraktika und des Vorbereitungsdienstes.

Trotz solcher Vereinbarungen der Kultusminister zeigt sich eine unterschiedliche Ausgestaltung der Lehrerbildung in struktureller und inhaltlicher Hinsicht (diverse Schwerpunktsetzungen aufgrund der föderalen Kulturhoheit der Länder). So zeigen sich Unterschiede (vgl. dazu etwa G. Bellenberg/A. Thierack, 2003, S. 14) - besonders in den letzten Jahren - bezüglich der einzelnen Ausbildungsphasen: Die Prüfungsordnungen für die erste Ausbildungsphase (Studium) sind in den Bundesländern fast überall verändert worden. In einigen Prüfungsordnungen wurden die Anteile für die didaktischen Studien präzisiert, die Ziele, Inhalte sowie der Umfang schulpraktischer Studien konkretisiert. Die Anteile der erziehungswissenschaftlichen Studien wurden erhöht und nicht nur auf das Berufsfeld Schule begrenzt.

Bezüglich der zweiten Phase der Lehrerbildung (Vorbereitungsdienst, Referendariat) erfolgte in der Mehrzahl der Länder eine Aktualisierung der Ausbildungsverordnungen.

In Hinblick auf die dritte Phase, also die Fort- und Weiterbildung, ist zu konstatieren: In den meisten Ländern ist diese für tätige Lehrer verpflichtend. Sie soll bedarfsorientierter gestaltet sein, auch Quer- und Seiteneinsteigern im Lehrberuf Möglichkeiten zur Nachqualifizierung für spezielle Schulformen und Fächer bieten.

2. Kennzeichnung von Reformzielen

Die mit den genannten Verordnungen bzw. Erlassen verbundenen Reformbe-strebungen zur Lehrerbildung äußern sich in einer Vielfalt von Themen mit der Intention, die einzelnen Phasen der Lehrerbildung besser zu verknüpfen und in-haltlich stärker am Lehrberuf zu orientieren. Die Reformvorschläge werden von verschiedenen Absichten geleitet. Diese werden im Wesentlichen durch folgen-de drei Leitideen markiert:

1. Schaffung von Transfermöglichkeiten von Studienleistungen zwischen Hochschulen im In- und Ausland
2. Koordination der Studieninhalte wie der Ausbildung zwischen den ein-zelnen Phasen
3. Stärkung der Fort- und Weiterbildung durch neue Aufgaben (Näheres da-zu: G. Bellenberg/A. Thierack 2003, S. 15 ff.).

Ad 1. Beim Reformziel „Schaffung von Transfermöglichkeiten von Studienleis-tung zwischen Hochschulen im In- und Ausland" geht es darum, die Leh-rerausbildung zu modularisieren, d. h. die Ausbildungsinhalte in eine deutliche Struktur einzubetten. Dieses soll auf der Basis eines europäisch orientierten Credit-Point-Systems (ECTS) erfolgen. Die Credits geben Aufschluss über zu erbringende Arbeitsleistungen für ein Modul, für be-stimmte Seminare, auch Abschlüsse von Studiengängen (z. B. für den konsekutiven Aufbau eines Studienganges nach dem BA/MA-Modell). Bezüglich der Umsetzung dieses Modulierungsansatzes bestehen in Deutschland noch Unterschiede (inhaltlicher, umfang-, zeitbezogener u. a. Art).

Ad 2 Beim Reformziel „Koordination der Studieninhalte wie der Ausbildung zwischen den Phasen" zeigt sich das Bemühen, die Studieninhalte und Ausbildungsphasen besser aufeinander abzustimmen. Höhere Studienef-fekte sollen durch die Entwicklung von Kerncurricula, durch Einbezie-hung neuer Ausbildungsthemen und neuer Lehr- und Lernformen, durch verstärkten Praxis- und Berufsfeldbezug, standardbasierte Evaluationskul-tur, Einrichtung von Lehrerbildungszentren und Vernetzung personeller Ressourcen erzielt werden.

Ad 3. Beim Reformziel „Stärkung der Fort- und Weiterbildung durch neue Auf-gaben" geht es schwerpunktmäßig um die berufliche Begleitung und Un-terstützung von Lehrpersonen hinsichtlich Befestigung, Erweiterung resp. Ergänzung (teilweise auch Neuerwerb) von Kompetenzen als Qualifikati-onsmerkmale für spezifische Tätigkeiten. Als neue Aufgaben genannten Qualifikationsfeldes werden dabei im Besonderen die Einführung einer mit dem Berufseintritt beginnenden (und vier bis fünf Jahre umfassenden) „Berufseingangsphase" gefordert sowie Maßnahmen zur Qualifizierung bzw. Nachqualifizierung von Seiten- oder Quereinsteigern im Lehrerbe-ruf. Solche Personen ohne ein grundständig absolviertes Lehramtsstudium haben oft erheblichen Bedarf an Kenntnissen und Fertigkeiten, die sie für qualifizierte Lehr-/Unterrichtstätigkeit befähigen (etwa bei fehlenden fachlichen, fachdidaktischen, erziehungswissenschaftlichen, schulpraktischen Kompetenzen).

3. Unverzichtbare Komponenten der Lehrerbildung

Vor dem Hintergrund, dass die Adressaten der Lehrerbildung mit Kenntnissen und Fähigkeiten ausgestattet werden sollen, die sie als Experten für Lehren bzw. Unterrichten, Lernen und damit zusammenhängenden Tätigkeiten (wie Diagnostizieren, Planen, Organisieren, Bewerten, Beraten u. a.) qualifizieren, müssen grundlegende Wissens-, Erfahrungs- und Handlungskompetenzen im Rahmen professioneller Lehramtsstudiengänge vermittelt bzw. erworben werden. Der genannten Ziel- und Aufgabenstellung entsprechend müssen folgende Komponenten bzw. Elemente der Lehrerbildung unbedingt berücksichtigt werden:

– fachwissenschaftliche Ausbildung in (mindestens) zwei Unterrichtsfächern,
– fachdidaktische Ausbildung in den Unterrichtsfächern,
– erziehungswissenschaftliche Ausbildung,
– die von Fachdidaktiken und Erziehungswissenschaft betreuten Schulpraktischen Studien.

(Näheres dazu: S. Blömeke u. a. 2004, S. 381 ff.; G. Bellenberg/A. Thierack 2003, S. 26 ff.; E. Terhart 2000, S. 99 ff.).

Was die Ausgestaltung hochschulmäßiger Lehramtsstudiengänge betrifft, lassen sich in Deutschland zwei Grundlinien unterscheiden: Eine Gruppe von Ländern bietet spezielle Studiengänge mit Bezug auf einzelne Schulformen bzw. -stufen an (gesonderte Ausbildung für Primarstufe/Sekundarstufe I, Sekundarstufe II). Die andere Gruppe richtet ihr Angebot (weniger stark differenziert) an den Lehramtstypen aus (Lehrämter der Grundschule bzw. Primarstufe, aller oder einzelner Schularten, auch mit Bezug auf Sekundarstufen I und II, sonderpädagogische Lehrämter).

Das Studienvolumen beträgt in den meisten Ländern 160 Semesterwochenstunden. Die durchschnittliche Regelstudienzeit ist je nach Ausrichtung auf Schulformen bzw. Schulstufen, Schularten oder Lehramtstypen - mit Differenzen im Ländervergleich - zwischen 6 und 10 Semestern ausgelegt (Zu obigen Angaben vgl. man G. Belleberg/A. Thierack 2003, S. 23 ff.).

Was die genannten Komponenten angeht, sei vermerkt, dass solche allemal eine wesentliche Rolle spielen, sowohl in Studiengängen, die auf Schulformen bzw. -stufen ausgerichtet sind als auch in jenen, die zentral lehramtstypisch oder schulartbezogen orientiert sind. Dass angesichts solcher diverser Intentionen der Studiengangsausrichtung den erwähnten Komponenten - die hier kurz skizziert werden sollen - unterschiedliche Relevanz zukommt, ist evident.

Fachstudien

Dem schulischen Auftrag gemäß haben Lehrer Kompetenzen und Wissen zu vermitteln. Im Zentrum ihres Handelns hat die Anbahnung und Unterstützung von Lernprozessen zu stehen. Das kann jedoch nur gelingen, wenn sie in ihrem Fach bzw. ihren Fächern über ein umfassendes und gründliches Wissen verfügen, das deutlich über den Horizont des unmittelbaren Unterrichtsstoffes hinausreicht. Nur wer im Blick auf den Schulunterricht die gesamte Breite seines Faches bzw. seiner Fächer beherrscht, ist in der Lage, eine begründbare Stoff- resp. Inhaltsauswahl zu treffen (auch unter didaktisch-methodischen Aspekten lernunterstützender Maßnahmen), schülerorientiert zu arbeiten, für fachbezogene sowie darüber hinausweisende Fragen zu interessieren.

Fachwissenschaftliche Studien sind ein unentbehrliches Fundament aller Lehrtätigkeit neben der pädagogisch-didaktischen und personalen Kompetenz. Daher sollte an der Forderung prinzipiell festgehalten werden, „dass die Absolventen jedes Lehramtsstudiums die Fähigkeit erworben haben müssen, Fachwissen im Kontext von Wissenschaft zu studieren und im pädagogischen Zusammenhang zu lehren" (E. Terhart 2000, S. 100). Laut Feststellung der von der Kultusministerkonferenz mit Lehrerbildungsfragen befassten Experten-Kommission müssen dazu drei Dimensionen Berücksichtigung finden, die am Ende des Studiums erwartet werden dürfen, „die aber auch für das weitere berufliche Lernen von Bedeutung sind:

– Tradition der Disziplinen und Konstitution theoretischer Probleme,
– Struktur des Wissens bzw. der Inhalte und Funktionen von Theorien, Leitbegriffen und Perspektiven der Forschung,
– Logik der Forschung und Leistung der Methode im Prozess der Prüfung und Erzeugung neuen Wissens" (ebd.).

Solche an den Lehrberuf geknüpfte Erwartungen fordern alle Bundesländer ein. Hinsichtlich der Bedeutung der Fächer, des Umfangs wie auch der Ausgestaltung der Fachstudien gibt es Unterschiede. Differierende Vorstellungen bestehen auch da und dort über fächerübergreifenden Unterricht und über darauf bezogene Ausbildung von Lehrkräften.

Nicht zu übersehen sind kontroverse Erörterungen über Kriterien und Entscheidungen darüber, welche Bestandteile in ein fachbezogenes Lehrerbildungscurriculum aufzunehmen sind und wem für die Auswahl notwendiger disziplinärer Inhalte die primäre Zuständigkeit bzw. Verantwortlichkeit zufällt. Ohne auf diverse Vorstellungen über das hier in Frage stehende Grundproblem disziplinärer Inhaltsauswahl - Maßgaben aus fachwissenschaftlicher/-interner und fachdidaktischer Sicht - hier näher einzugehen, sei dieses festgestellt: Die Frage der Inhaltsauswahl kann nur im Hinblick auf das Arbeits- bzw. Lernfeld Schule befriedigend gelöst werden: und zwar unter Einbezug fachwissenschaftlicher wie fachdidaktischer Interessen (vgl. ebd., S. 101 f.).

Fachdidaktische Studien

Ihrem Selbstverständnis nach ist die Fachdidaktik die Wissenschaft vom fachspezifischen Lehren und Lernen in verschiedenen Arbeitsfeldern, in denen es um Vermittlung und Erwerb wichtiger Lerninhalte geht. Insofern kommt der fachdidaktischen Ausbildung in der Lehrerbildung eine besondere Bedeutung zu. Das ergibt sich aus der künftigen Berufstätigkeit von Fachlehrern. Von denen wird ja ein Wissen und Können erwartet, das sie qualifiziert, pädagogische Kenntnisse und Fähigkeiten mit dem fachwissenschaftlichen Wissen und den entsprechenden Methoden und Verfahren unter den Gesichtspunkten von Lehren und Lernen zu verknüpfen. Es gehört zu den Aufgaben und Zielsetzungen fachdidaktischer Lehrerausbildung, Studierende zu theoriegeleiteter Analyse und Reflexion sowie der Weiterentwicklung und Gestaltung von fachbezogenen Lernvorgängen, von fachbezogenem Unterricht sowie von curricularen Elementen zu ermächtigen (Nähere Ausführungen dazu: P. Reinhold 2004, S. 410 ff.).
Die oben genannte Experten-Kommission apostrophiert wesentliche Aufgaben, für welche Studierende im Rahmen fachdidaktischer Studien kompetent gemacht werden sollen. Als besonders wichtig werden dabei hervorgehoben:

„ – die Analyse und Reflexion von Zielen, Bedingungen, Prozessen und Ergebnissen fachbezogenen Lehrens und Lernens,
  – die theoriegeleitete Planung, Gestaltung, Durchführung und Auswertung von fachbezogenem Unterricht,
  – die Entwicklung und Evaluation von fachbezogenen Unterrichtseinheiten und Curricula" (E. Terhart 2000, S. 102).

Um Studierende in genannter Hinsicht zu qualifizieren, erscheint es als wichtiges fachdidaktisches Erfordernis enge Bezüge zum Fach wie auch zu den Unterrichts- und Humanwissenschaften zu verdeutlichen. Dabei gehört es auch zu den fachdidaktischen Obliegenheiten, Gegenstände und Teilgebiete des zugehörigen Fachs im Hinblick auf deren Bildungswert und deren Lehrbarkeit für jeweilige Bildungsgänge in Einzelteile zu zerlegen und gegebenenfalls lernzugänglich aufzuarbeiten. Ebenso sind allgemeine pädagogische und psychologische Wissensbestände und Theorien hinsichtlich ihrer Bedeutsamkeit für fachliches und fächerverbindendes Lernen und Lehren zu zergliedern und aufzubereiten. Wo immer es um fachbezogenes oder auch um fächerverbindendes Lernen und Lehren geht, sollte als generelles Postulat gelten: die jeweiligen Lern- resp. Lehrgegenstände und die damit zusammenhängenden Probleme dürfen nicht einseitig angegangen werden (lediglich aus stofflich-inhaltlicher, methodischer, humanwissenschaftlicher Sicht). Vielmehr bedarf es „einer genuin fachdidaktischen, Fach- bzw. Fächer und Humanwissenschaften in spezifischer Weise integrierenden Sichtweise. Beispiele sind fachspezifische Erkenntnisse über Probleme und Möglichkeiten des Lernens von Schülern, fachbezogene Schülervorstellungen, fachspezifische Arten des Zugänglichmachens von Inhalten oder ein fachadäquater Einsatz von Computern" (ebd., S. 103).

Neben den genannten Erfordernissen fachdidaktischer Studien ist ferner zu postulieren, dass solche durch einschlägige Forschungs- und Wissensstandards basiert sind, eine hinreichend breite Variation von fachbezogenen Kontexten sichtbar machen, erörterte Schwerpunktthemen und stoffinhaltliche Auswahlmöglichkeiten markieren, unterschiedlich ausgerichtete Studienanteile zusammenführen und Verbindungen zwischen wesentlichen Studienkomponenten herstellen (vgl. ebd., S. 103 f.).

Erziehungswissenschaftliche Studien

Der Ausdruck „erziehungswissenschaftliche Studien" fasst jene Studienelemente zusammen, an denen verschiedene Fachrichtungen bzw. Disziplinen beteiligt sind: in der Regel Pädagogik, Psychologie, Soziologie (in manchen Ländern zusätzlich auch Politologie, Philosophie). Ihr jeweiliger Beitrag zum Verständnis und zur Organisation von Lehr-Lern-Prozessen ist verschieden. Bei Vernetzung ihrer differenten Perspektiven ist ihre kompetenzfördernde Wirkung hinsichtlich des angestrebten professionellen Lehrerhandelns nicht zu bezweifeln.

Die Gestaltung der erziehungswissenschaftlichen Ausbildung orientiert sich an einem Leitbild, das Lehrkräfte als professionelle Gestalter von Lehren und Lernen begreift. Die damit bezeichnete zentrale berufliche Kompetenz „umfasst nicht nur die Vermittlung von Wissen, Fähigkeiten und Wertorientierungen, sondern schließt ebenso die Gestaltung von Lernumgebungen, die Entwicklung von Schulleben und Schulkultur, die Gestaltung des eigenen Arbeitsplatzes und auch die Fähigkeit zur Reflexion und Evaluation der eigenen Tätigkeit ein" (M. Horstkemper 2004, S. 463). Um diese Aufgeben und Ziele umsetzen zu können, müssen Lehrkräfte über ein breites Spektrum von Wissensbeständen verfügen. Neben fachwissenschaftlichen und fachdidaktischen Kompetenzen benötigen sie noch andere. So müssen sie auch in der Lage sein, problemorientiert fächerübergreifend Erkenntnisprozesse anzuleiten und zu begleiten. Dazu sind pädagogisch-psychologische und soziologische Kenntnisse in besonderer Weise erforderlich. Erziehungswissenschaftliche Kompetenz erweist sich demnach als unverzichtbar für unterrichtliches und erzieherisches Handeln. Kenntnisse der genannten Art fundamentieren nicht nur das unterrichtliche Geschehen im Allgemeinen und beeinflussen dessen Qualität. Sie effektivieren auch wichtige Teilaufgaben wie z. B. Diagnostizieren, Beurteilen, Evaluieren u. a. (vgl. ebd., S. 463 f.).

Für eine effiziente Berufstätigkeit von Lehrkräften sind recht diverse Kompetenzen nötig, die in unterschiedlichen und komplexen Situationen gebraucht werden bzw. zur Anwendung kommen. Bei solchen Kompetenzen handelt es sich keineswegs lediglich um ein Verfügen über solide Wissensbestände, sondern es geht dabei laut E. Terhart (2000, S. 54 f.) neben wissenschaftlich fundiertem Wissen immer auch um Handlungsroutinen und berufsethische Haltungen bzw. Reflexionsformen, „die aus der Sicht einschlägiger Professionen und wissenschaftlicher Disziplinen zweck- und situationsangemessenes Handeln gestatten." Als Grundlagen von Lehrerkompetenzen werden diese drei Elemente in der Lehrerbildung angeleitet und können vor allem im Vollzug beruflicher Tätigkeit erworben werden.

Um Auf- und Ausbau grundlegender für den Lehrberuf nötiger Kompetenzen möglichst wissenschaftstheoretisch und empirisch basiert leisten zu können, werden derzeit Maßgaben und Maßnahmen unter den Stichworten Kerncurricula, Standards, veränderte Studienorganisation in der Lehrerbildung diskutiert.

Hinsichtlich veränderter Studienorganisation werden veränderte Varianten in der Gestalt von Lehrerbildungszentren empfohlen, in denen alle administrativen Aufgaben, Service-Leistungen und Beratungsangebote zusammengefasst werden. Für eine Neugestaltung des erziehungswissenschaftlichen Studiums verspricht man sich hier eine gezielte Entwicklung und Erprobung neuer Lehr- und Lernformen sowie eine bessere Qualifizierung Studierender für individualisierende Unterrichtsgestaltung, des Weiteren vertiefte Einsichten hinsichtlich rekonstruktiver Fallarbeit und verbesserter Aufarbeitung von Praxiserfahrungen (vgl. M. Horstkemper 2004, S. 496 f.).

Der Anteil des erziehungswissenschaftlichen Studiums schwankt zwischen den einzelnen Lehrämtern hinsichtlich der aufgegriffenen Themen und der obligatorischen Studieninhalte wie auch bezüglich des Stundenvolumens erheblich. Beträchtliche Unterschiede sind diesbezüglich auch noch im Ländervergleich festzustellen. Gelegentlich wird bemängelt, erziehungswissenschaftliche Studien seien durch ein hohes Maß an Beliebigkeit gekennzeichnet. Abhilfe versucht man von einem Kerncurriculum zu verschaffen, „das sich aus der diskursiven Verständigung der Lehrenden über verpflichtend zu behandelnde Inhalte ergibt. Es soll die Beliebigkeit der aufgegriffenen Themen einschränken, das Angebot in spezifischer Weise auf die Zwecke der Lehrerbildung ausrichten und dabei auch über internationale Grenzen hinweg die Möglichkeit gemeinsamer Kommunikation über erziehungswissenschaftliche Fragen und pädagogisches Handeln aufrechterhalten und verbessern" (ebd., S. 467). Zum Kernbereich dieses Curriculums gehört auch die Bestimmung gewisser Standards, die in der Lehrerbildung eine besondere Rolle spielen (dazu unten Näheres).

Zu den durch erziehungswissenschaftliche Studien zu erwerbenden berufsrelevanten Fähigkeiten und Fertigkeiten gehören u. a. (vgl. B. Seipp/S. Ruschin 2004, S. 59 f.):

– die Erfassung und Berücksichtigung von Voraussetzungen, Bedingungen sowie Risikofaktoren für Erziehungs- und Bildungsprozesse,
– die Erfassung, Begründung und Bewertung von Ziehvorstellungen unterrichtlichen Geschehens und Gestaltens samt des Entwurfs entsprechender Erfolgskontrollen,
– analytische Erfassung, Entwerfen und Erproben von Vorgehensweisen - auch unter Medienanwendung - für pädagogisches Handeln in Unterricht und Schule,

– Wahrnehmung von Konfliktsituationen bzw. Kommunikationsstörungen im Handlungsfeld Schule, besonders in Unterricht, und angemessene Reaktionen darauf,
– Reflektion von schulischen Aktivitäten und Entwicklungsaufgaben in größeren historischen und gesellschaftlichen Zusammenhängen.

Schulpraktische Studien

Schulpraktischen Studien kommt in der Lehrerbildung insofern eine besondere Bedeutung zu, weil diese dem Zweck für kompetentes Lehrerhandeln zu qualifizieren in spezieller Hinsicht entsprechen. Die Einbeziehung von Theorie-Praxis-Bezügen in Lehramtsstudiengänge kann als deren fundamentales Element angesehen werden. Alle Praxisbegegnungen dienen letztlich der Einführung in das Berufsfeld von Lehrkräften und der Effektivierung ihrer zielorientierten Aktivitäten resp. Handlungsvollzügen.

Professionelles Lehrerhandeln gewinnt also durch Berücksichtigung, Erprobung und Einübung beruflicher Fertigkeiten. Während es Aufgabe der Theorie ist, Prinzipien und Möglichkeiten unterrichtlichen Handelns zu beleuchten, Regeln und klare Einsichten zu vermitteln, zielt die Praxis - gestützt auf einen Theoriekontext - darauf, regelgeleitetes Handeln zu entfalten.

Verstärkte Anstrengungen, schulpraktischen Studien größeres Gewicht zu verleihen, beruhen nicht nur auf unüberhörbaren Klagen über Praxis-Defizite und Hinweisen auf die Unzulänglichkeit und Randständigkeit schulpraktischer Studienanteile. Die Forderung nach Intensivierung einer sachgerechteren Einbindung schulpraktischer Studien wird vor allem aufgrund der damit verbundenen Funktionen und der dadurch bewirkten Kompetenzerweiterung Studierender erhoben.

Der Schulpraxis kommt im Rahmen der Lehrerbildung schwerpunktmäßig eine Vermittlungs-, Erprobungs- und Orientierungsfunktion zu. Laut W. Topsch (2004, S. 476) liefert sie „einen Ausgangspunkt für die Entwicklung und Vermittlung erziehungswissenschaftlicher und fachdidaktischer Kompetenzen und sie markiert den Rahmen für die zu erlernenden fachwissenschaftlichen Theorien, Konzepte und Methoden. (Ferner) stellt sie ein Feld für exemplarische Erprobung dieser Kompetenzen sowohl anhand theoriegeleiteter Reflexion von Unterricht als auch durch eigene Unterrichtstätigkeit bereit. Darüber hinaus kommt der Schulpraxis eine Orientierungsfunktion innerhalb der Berufswahlentscheidung zu". Als Kern aller schulpraktischen Studien können nach Auffassung genannten Autors deren Beitrag zur Berufserkundung (wichtig: sondierende Einblicke, Beobachtungen, Planung und Durchführung von Unterricht) angesehen werden. Bezüglich der berufsbezogenen Vertiefung und Ausdifferenzierung misst er der Praxis der zweiten Phase der Lehrerbildung (Vorbereitungsdienst) funktional als auch quantitativ einen höheren Stellenwert zu. Als deren Ziel sei die Entwicklung von Berufsfähigkeit, die sich in folgenden Punkten realisiere: Erwerb von Lehrfähigkeit, Erfahrungssammlung, Organisation von Lehr-

Lern-Prozessen und Methodenvielfalt, Reflexionsfähigkeit (ebd., S. 484; s. auch E. Terhart 2000, S. 115 f.).

Schulpraktisches Studium ist mit unterschiedlichen Zielen und Aufgabenstellungen im Sinne eines aufsteigenden Curriculums in mehreren Phasen des Studiums anzusiedeln. Schulpraxis vermittelt nicht nur gewisse realistische Erfahrungen der Berufsarbeit von Lehrern. Es fördert auch das Problembewusstsein und führt zu einer reflektierten bzw. kompetenteren Sicht der Theorie-Praxis-Diskussion (vgl. E. Terhart 2000, S. 108). Hinsichtlich ihrer Gestaltung sind unterschiedliche zeitliche und organisatorische Möglichkeiten gegeben, wie abweichende Anforderungen und Realisierungen im Vergleich der Studien- und Prüfungsordnungen in einzelnen Ländern bestätigen. (Zu Unterschieden ländereigener Forderungen und Bestimmungen vgl. G. Bellenberg/A. Thierack 2003, S. 32 ff., 38 ff.; s. a. S. 109 ff.).

4. Lehrerbildungskonzepte - positive und negative Bewertung vorhandener Merkmale und praktizierter Nutzung

Überblickt man die in Deutschland anvisierten und in Praxis umgesetzten Lehrerbildungskonzepte, so zeigen sich vielfältige Varianten, insbesondere hinsichtlich unterschiedlicher Vorstellungen und Schwerpunktsetzungen wie auch in der konkreten Ausgestaltung. Trotz der besonders beim Ländervergleich klar ersichtlichen Unterschiede, lassen sich gewisse Merkmale umfassenderer Art kennzeichnen. So fällt auf, „dass

– die erste Ausbildungsphase durch ein hohes wissenschaftliches Niveau geprägt ist,
– verschiedene Elemente (erziehungswissenschaftliche, fachwissenschaftliche, fachdidaktische und schulpraktische Studien) parallel studiert werden,
– die einzelnen Studiengänge bezüglich der Struktur des Schulwesens differenziert sind,
– die Ausbildung der zweiten Phase die Elemente Seminar- und schulpraktische Ausbildung umfasst und
– im Vorbereitungsdienst eigenverantwortlicher Unterricht gehalten wird." (G. Bellenberg/A. Thierack 2003, S.42).

Neben den positiv bewerteten Charakteristika vorhandener Lehrerbildungskonzeptionen eignen solchen auch defizitäre Kennzeichen. Moniert wird etwa, dass

– die erziehungswissenschaftlichen Studienanteile nicht speziell auf den Lehrberuf orientiert sind,
– kein erziehungswissenschaftliches Kerncurriculum existiert,
– didaktische und fachdidaktische Ausbildungselemente zu gering seien und selten exakt im Rahmen der Stundenvolumina quantifiziert sind,
– schulpraktische Studien in den Prüfungsordnungen ohne Angabe spezieller Ziele und Aufgaben beschrieben sind,

- schulpraktische Studien mit den übrigen Studienanteilen oft nur lose verbunden sind und der Konnex mit der zweiten Ausbildungsphase fehlt,
- die Qualifikationsprozesse der angehenden Lehrkräfte während des Studiums kaum überprüft und bewertet werden (und somit entsprechende Rückmeldung über Studienfortschritte fehlt).

Was die zweite Ausbildungsphase betrifft, werden insbesondere fehlende Zielsetzungen (über Ausbildungsziele und -inhalte sowie über qualifizierten eigenverantwortlichen Unterricht) sowie mangelnde Kooperationsstrukturen beanstandet (Zu genannten Defiziten vgl. ebd., S. 43).

5. Standards in der Lehrerbildung

In einer Mehrzahl von Lebens- und Handlungsbereichen werden heute Standards postuliert. Der Begriff „Standard" bezeichnet „eine möglichst präzise Festlegung der Eigenschaften, die ein Objekt oder ein Prozess haben muss, um definierten Qualitätsansprüchen zu genügen" (E. Terhart 2005, S. 276). Im Bezug auf den Bereich Schule spricht man von Bildungsstandards hinsichtlich Leistungsanforderungen an diese Institution wie an ihre Akteure. Auf die dabei geführte Diskussion um Standards in der Lehrerbildung soll in den folgenden Ausführungen im Besonderen eingegangen werden.
Standards für die Lehrerbildung lassen sich als Anforderungen an das berufliche Handeln von Lehrern definieren. Sie beziehen sich auf Kompetenzen, die in der Lehrerbildung und der Berufspraxis von Lehrkräften erreicht werden sollen.
Die Kompetenzbereiche, denen sich die intendierten Fähigkeiten, Fertigkeiten und Einstellungen zuordnen lassen, sind

- Unterrichten
- Erziehen
- Beurteilen
- Innovieren

Eine detaillierte Aufgliederung der durch theoretische und praktische Studienanteile angestrebten qualitativen Merkmale (Kompetenzen), welche schwerpunktmäßig den genannten Kompetenzbereichen zuzuordnen sind, hat eine von der Kultusministerkonferenz eingesetzte Arbeitsgruppe vorgenommen (siehe: KMK 2005, S. 285 ff.). Als wesentliche Grundlage für den Erweb von Kompetenzen für das Berufsfeld Schule werden dort die Bildungswissenschaften genannt, d. h. jene Disziplinen, die sich mit Bildungs- und Erziehungsprozessen, mit Bildungssystemen sowie mit deren Rahmenbedingungen auseinandersetzen (ebd., S. 282). Ihnen wird eine wesentliche Funktion bei inhaltlichen Schwerpunktsetzungen und bei der didaktisch-methodischen Ausgestaltung der Lehrerbildung zugesprochen (vgl. ebd., S. 282 f.).
Der Erwerb von professionsbezogenen Kompetenzen gehört zu den Kernpunkten reformorientierter Lehrerbildung. In der Erstellung von Kerncurricula müssen diese mitberücksichtigt werden. In manchen Studien- und Prüfungsord-

nungen werden solche einbezogen. Das gilt insbesondere von grundlegenden Kompetenzen. Voraussetzung für deren Erwerb ist eine angemessene Wissensbasis. Mit dem erforderlichen Wissen sollen fundamentale bzw. umfassende Fähigkeiten erworben werden: Darstellungs- und Reflexionsfähigkeit, Anwendungs- und Problemlösefähigkeit, Analyse- und Kommunikationsfähigkeit, Kooperations- und Gestaltungsfähigkeit, Entscheidungs- und Urteilsfähigkeit (B. Seipp 2004, S. 39 f.).

Aus den genannten und anderen angestrebten Kompetenzen - solche werden von verschiedenen Autoren in unterschiedlicher Anzahl benannt - ergeben sich spezifische Anforderungen für die gesamte Lehrerbildung und die Berufspraxis. Die Forderung, die Lehrerausbildung und -fortbildung stärker als bislang an Beruflichkeit von Lehrkräften auszurichten und dabei die Kompetenzbereiche mit den ihnen zugehörigen Merkmalen als Ziel- und Orientierungsmarken anzustrebender Studienelemente größeres Gewicht zu verleihen, beruht auf guten Gründen.

Die berufsfeldbezogenen Kompetenzen können verschieden hoch ausgeprägt bzw. entwickelt sein. Dieser Ausprägungsgrad kann durch Standards angegeben werden. Standards sind Kompetenzkriterien (Maßstäbe für den Ausbildungsgrad von Kompetenzen). Sie konkretisieren Kompetenzen und bestimmen Kompetenzstufen (vgl. B. Seipp 2004, S. 40f.).

Die Frage, für welche Bereiche der Lehrerbildung Standards überhaupt aufgestellt werden sollen, lässt sich im Hinblick auf drei Dimensionen beantworten. Kriterien dafür können sein:

– die inhaltliche Festlegung auszuprägender Kompetenzen,
– die Festlegung von Leistungsniveaus,
– die Festlegung von Bedingungen, welche die Erreichbarkeit hoher Lernleistungen der Studierenden ermöglichen.

Hinsichtlich genannter Kriterien geht es nicht nur um die Benennung qualitativer Merkmalsbestimmungen, sondern im Besonderen auch um deren explizite Beschreibungen (Nähere Ausführungen dazu: ebd. S. 42 ff.).

Zu der auf breiter Front geführten Diskussion um Standards in der Lehrerbildung haben mehrere Institutionen, Gremien, Kommissionen und bekannte Autoren beigetragen, die bei der thematischen Themenakzentuierung und der Begründung von Standards in der Lehrerbildung unterschiedlich argumentieren (vgl. etwa den Thementeil „Diskussion: Standards in der Lehrerbildung" in der Ztschr. für Pädagogik 51 (2/2005) 253-290). Unter den Experten für Lehrerbildungsfragen sind neben anderen besonders Fritz Oser und Ewald Terhart (siehe Literaturverzeichnis) hervorgetreten, deren Argumentationssträngen sich andere angeschlossen haben.

Standardbasierte Lehrerbildung zeigt ein bestimmtes Profil. Dazu gehört auch die Notwendigkeit, der Beruflichkeit entsprechende Qualifikationsmerkmale und Ziele zu operationalisieren und einer Wirksamkeitskontrolle zu unterziehen. Unter dem Aspekt, jene Kompetenzen auf- und auszubauen, die Lehrkräfte qualifizieren bzw. ermächtigen, berufliche Situationen bzw. Aufgaben zu bewältigen, erscheint es nötig, jede Operationalisierung von Kompetenz auf konkrete Anforderungssituationen zu beziehen.

In der Lehrerbildung geht es also - sowohl betreffs der Ausprägung berufsbezogener Qualifikationsmerkmale wie der Ermächtigung zur Erfüllung soziokultureller Anforderungen - bei der Operationalisierung um eine Übersetzung von Lern- und Ausbildungszielen in realisierbare und überprüfbare Einstellungen und Verhaltens-/Handlungsweisen.

6. Abschließende Bemerkungen

Die Geschichte des Schulwesens zeigt, dass zu Zeiten gewisse dominante Tendenzen die Entwicklung vorangetrieben haben. Auch in der Gegenwart - einer Zeit gewaltiger Umbrüche in verschiedenen Lebensbereichen - treten auf schulischem Sektor markante Neuerungsbestrebungen zutage. Solche - durch Ergebnisse der PISA-Studien nicht erst hervorgerufen, aber in mancher Hinsicht verstärkt - werden vielfach unter dem Stichwort „Qualitätsverbesserung" diskutiert. Die dabei zur Debatte stehenden Probleme reichen von der Neuvermessung der schulischen Landschaft und der Bestimmung zeitgemäßer Ziel- und Aufgabenstellungen im Erziehungs- und Bildungsbereich bis zu deren Konkretisierung samt Aufweis realisierbarer Gestaltungsmöglichkeiten.

Es ist offenkundig, dass angesichts des genannten Problem- bzw. Aufgabenkomplexes auch die Lehrerbildung auf den Prüfstand gestellt werden muss. Tatsächlich gibt es auch erhebliche Anstrengungen, diese zu verbessern bzw. neu zu ordnen. An der Reformierung der Lehrerbildung in struktureller wie auch in curricularer Hinsicht sind mehrere Instanzen beteiligt. Äußerungen, Stellungnahmen und Empfehlungen hierzu stammen im Besonderen von der Hochschullehrerkonferenz, dem Wissenschaftsrat, der Bund-Länder-Kommission, der Kultusministerkonferenz, dem Bundesministerium für Bildung und Forschung, einzelnen Kultusministerien sowie Lehrer- u. a. Verbänden (Zu länderübergreifenden Reformbestrebungen vgl. etwa: G. Bellenberg/A. Thierack 2003, S. 87 ff.; zu länderspezifischen Regelungen, ebd., S. 21 ff., 109 ff.; B. Seipp/S. Ruschin 2004).

Die auf Qualitätssicherung und -steigerung abzielenden Neuerungsbestrebungen sind vornehmlich an den Herausforderungen für eine zeitgemäße und zukunftsorientierte Schule und darauf bezogenes professionelles Lehrerhandeln orientiert. In diesem Zusammenhang richten sich Reformbestrebungen der Lehrerbildung auch auf detaillierte Postulate wie etwa

– Ausrichtung auf größere Effektivität der Ausbildung
– Angleichung der Lehr-/Lernziele in innerdeutschem Raum und auf internationaler Ebene (Europa-Kompatibilität)
– Anerkennung standardisierter Studienabschlüsse qualifizierter (Aus-) Bildungsstätten.

Was die heute vielfach erhobene Forderung betrifft, die Lehrerbildung stärker als bisher an der Lehrerprofession und ihren Ausbildungszielen auszurichten, wird heute in verschiedenen Lehrerbildungs-Konzeptionen Rechnung getragen. Dort wird gegenüber der traditionellen Fokussierung auf die Vermittlung fächerbezogener Lehrinhalte der Orientierung an erworbenen Kompetenzen (als Ziel von Lernprozessen im Studium) Vorrang eingeräumt.

Abschließend sei noch bemerkt, dass eine Reihe von Hochschulen begonnen hat, die Lehramtsausbildung auf Bachelor-/Masterstudiengänge umzustellen. Das hängt mit der politisch motivierten und postulierten Tendenz zusammen, zu einer Vereinheitlichung des europäischen Hochschulraumes beizutragen. Diese der so genannten Bologna-Erklärung entsprechende Zielstellung die 1999 formuliert und in nachfolgenden Konferenzen (Prag, Berlin, Bergen) bestätigt und ergänzt wurde, tendiert auf Initiativen für mehr Vergleichbarkeit, Kompatibilität sowie Transparenz der Hochschulsysteme und erstrebt eine höhere Qualität europäischer Hochschulbildung auf institutioneller und nationaler Ebene. Sie insistiert auf vergleichbaren Inhalten und Abschlüssen in einzelnen Ländern (bei Austauschmöglichkeit und gegenseitiger Anerkennung) (Näheres dazu: Gemeinsamer Bericht von KMK ... 2003; Bachelor-Master-System 2005).

7. Literatur

Bachelor und Master auf dem Arbeitsmarkt. In unimagazin, 29(5)22-33.

Bachelor-Master-System. Heftthema in Pädagogik, 57 (3/2005).

Bellenberg, Gabriele/Thierack, Anke (2003). Ausbildung von Lehrerinnen und Lehrern in Deutschland. Bestandsaufnahme und Reformbestrebungen. Opladen

Blömeke, Sigrid/Reinhold, Peter/Tulodziecki, Gerhard/Wildt, Johannes (Hrsg.) (2004). Handbuch Lehrerbildung. Bad Heilbrunn.

BMBF = Bundesministerium für Bildung und Forschung (Hrsg.) (2003). Expertise zur Entwicklung nationaler Bildungsstandards. Berlin.

Carlsburg, Gerd-Bodo von/Heitger, Marian (Hrsg.) (2005). Der Lehrer - ein (un)möglicher Beruf. Frankfurt/M. u. a.

Gemeinsamer Bericht von Kultusministerium, Hochschulrektorenkonferenz und Bundesministerium für Bildung und Forschung (2003). Realisierung der Ziele der „Bologna-Erklärung" in Deutschland. Stand 30.07.2003).

Hofmann, Stefanie/Schneider, Matthias (Hrsg.) (2002). Zur zukünftigen Struktur der Lehrerbildung. Positionen-Modelle-Perspektiven. Frankfurt/M. u. a.

Holtappels, Heinz Günter et alii (Hrsg.) (2004). Jahrbuch der Schulentwicklung. Band 13. Daten, Beispiele und Perspektiven. Weinheim/München.

Horstkemper, Marianne (2004). Erziehungswissenschaftliche Ausbildung. In S. Blömeke u. a. (Hrsg.), Handbuch Lehrerbildung, S. 461-476. Bad Heilbrunn.

Keuffer, Josef/Oelkers, Jürgen (Hrsg.) (2001). Reform der Lehrerbildung in Hamburg. Weinheim/Basel.

KMK (2005). Standards für die Lehrerbildung: Bildungswissenschaften. In Zeitschr. für Pädagogik, 51 (2) 280-290.

KMK = Sekretariat der Ständigen Konferenz der Kultusminister der Länder in der Bundesrepublik Deutschland (Hrsg.) (1999). Perspektiven der Lehrerbildung in Deutschland. Materialband zum Abschlussbericht der von der Kultusministerkonferenz eingesetzten Kommission. Bonn.

Merkens, Hans (Hrsg.) (2003). Lehrerbildung in der Diskussion, Opladen.

Oelkers, Jürgen (2003). Standards in der Lehrerbildung. Eine dringliche Aufgabe, die der Präzisierung bedarf. In D. Lemmermöhle/D. Jahreis (Hrsg.), Professionalisierung der Lehrerbildung. 7. Beiheft der Deutschen Schule, S. 54-70. Weinheim.

Oser, Fritz (1999). Standards als Ziele der neuen Lehrerbildung. In KMK (Hrsg.) (1999), Perspektiven der Lehrerbildung in Deutschland, Materialband, S. 79-86. Bonn.

Oser, Fritz (2002). Standards in der Lehrerbildung - Entwurf einer Theorie kompetenzbezogener Professionalisierung. In journal für LehrerInnenbildung, 2 (1) 8-19.

Oser, Fritz (2004). Standardbasierte Evaluation der Lehrerbildung. In S. Blömeke u. a. (Hrsg.), Handbuch Lehrerbildung, S. 184-206. Bad Heilbrunn.

Reinhold, Peter (2004). Fachdidaktische Ausbildung. In S. Blömeke u. a. (Hrsg.), Handbuch Lehrerbildung, S. 410-431. Bad Heilbrunn.

Seipp, Bettina/Ruschin, Sylvia (2004). Neuordnung der Lehrerbildung an den Hochschulen Nordrhein-Westfalens. Kompetenzen und Standards, Modularisierung, Kreditierung und Evaluation (Dortmunder Beiträge zur Pädagogik, Bd. 36). Bochum/Freiburg.

Standards in der Lehrerbildung (2005). Heftthema der Ztschr. für Pädagogik, 51 (2) 253-290.

Terhart, Ewald (2001). Lehrerberuf und Lehrerbildung. Forschungsbefunde, Problemanalysen, Reformkonzepte. Weinheim/Basel.

Terhart, Ewald (2002). Standards für die Lehrerbildung. Eine Expertise für die Kultusministerkonferenz. Westfälische Wilhelms-Universität (ZKL-Texte Nr 23). Münster.

Terhart, Ewald (2005). Standards für die Lehrerbildung - ein Kommentar. In Zeitschr. für Pädagogik, 51 (2) 275-279.

Terhart, Ewald (Hrsg.) (2000). Perspektiven der Lehrerbildung in Deutschland. Weinheim/Basel.

Topsch, Wilhelm (2004). Schulpraxis in der Lehrerbildung. In S. Blömeke u. a. (Hrsg.), Handbuch Lehrerbildung, S.476-486. Bad Heilbrunn.

Verband Bildung und Erziehung (VBE) (2002). PISA als Chance. Für eine Reform der Lehrerbildung. (Bildungspolitisches Symposium des VBE). Berlin.

Zentrum für Schulforschung und Fragen der Lehrerbildung Halle (Hrsg.) (2002). Die Lehrerbildung der Zukunft - eine Streitschrift. Opladen.

III. Kernfragen der Fort- und Weiterbildung von Lehrkräften: Situation und Perspektiven eines Problemfeldes

Zeiten gesellschaftlicher und kultureller Umbrüche bringen vielfältige Veränderungen mit sich. Solche wirken sich in den einzelnen Lebensbereichen aus und fordern entsprechende Maßnahmen heraus. Auch der Bildungsbereich ist davon betroffen. Herausforderungen reichen hier von einem neuen Bildungsverständnis bis zur Durchführung konkreter Bildungsreformen im Schulsystem. Dabei werden auch dessen verschiedene Sektoren auf den Prüfstand gestellt. Im Besonderen werden - unter der Themenstellung Verbesserung und Sicherung von Schul- und Unterrichtsqualität - Neuordnungen in struktureller und inhaltlicher Hinsicht erstrebt. In diesem Zusammenhang wird speziell auch nach der Rolle bzw. Funktion der Lehrerbildung gefragt.

1. Problemaufriss

Was eine „gute Schule" ist und leisten kann, hängt in hohem Maße vom Wissen und Können ihrer Lehrkräfte (als Fachleuten für Erziehung und Unterricht) ab, aber auch von zuständigen Personen für Schulleitungs- und -verwaltungsaufgaben.

Ohne hier näher auf Probleme der Schule und der Lehrerbildung im Allgemeinen eingehen zu wollen (vgl. dazu etwa oben Kapitel I und II) sei der Blick speziell auf Aufgaben und Ziele der Fort- und Weiterbildung von Lehrkräften gelenkt.

2. Fort- und Weiterbildung im Kontext der Lehrerbildung

Als zentrale Aufgabe der Lehrerbildung kann der Auf- und Ausbau von Qualifikationen zur Bewältigung von beruflichen Aufgaben im Lehrberuf angesehen werden. Dazu dient die theoretische und praktische Ausbildung an der Hochschule (1. Phase) und am Studienseminar (2. Phase). Eine Vertiefung und Erweiterung professioneller Kompetenzen obliegt der Lehrerfort- und -weiterbildung (3. Phase).

Im Zuge der heute an das Bildungs- und Schulsystem gestellten erhöhten Qualitäts- und Leistungsanforderungen zeigt sich auch ein gesteigerter Bedarf nach professionellen Unterstützungsleistungen durch die Fort- und Weiterbildung von im Lehr-/Lernbereich wie im Schulleitungs-/Schulaufsichtsbereich tätigen Personen. Innovationen und Evaluation stellen auch in diesen Bereichen gewichtige Herausforderungen dar.

Der primäre Zweck der Fort- und Weiterbildung ist die Erhaltung und Erweiterung der beruflichen Fähigkeiten des genannten Personenkreises. Die folgenden diesbezüglichen Überlegungen seien hauptsächlich auf Lehrkräfte fokussiert. Deren Qualifikation ist ja zweifellos eine zentrale Voraussetzung für das Gelingen schulischer Lernprozesse und den Erfolg von Bildungsreformen.

3. Unterscheidbare Aufgabenfelder

Hinsichtlich der in der dritten Phase der Lehrerbildung erforderlichen Leistungen sind zwei Aufgabenfelder zu unterscheiden: die Sektoren bzw. Gebiete Fortbildung und Weiterbildung.

Die berufliche Weiterbildung ist auf den Erwerb zusätzlicher Kompetenzen gerichtet. Ihr fällt die Aufgabe zu, Lehrkräfte in zusätzlichen Unterrichtsfächern, für weitere Unterrichtsbereiche, für andere Schulstufen bzw. –formen oder für besondere Aufgaben in der Schule zu qualifizieren. Während es bei der Lehrerweiterbildung um die Erweiterung des gegebenen formalen Kompetenzniveaus für zusätzlich neue Funktionen geht (wozu Regelungen in länderspezifischen Lehramtsausbildungsordnungen vorliegen), steht bei der Lehrerfortbildung die Aufrechterhaltung bzw. Aktivierung und Verbesserung professionellen Wissens und Könnens in Mittelpunkt (vgl. z. B. G. Bellenberg/A. Thierack 2003, S. 45 f.; P. Daschner 2004, S. 291).

Die Fortbildung hat die Aufgabe, die Lehrkräfte in ihren fachlichen, didaktischen und erzieherischen Kompetenzen weiterzuentwickeln mit der Intention, die Professionalität der Lehrertätigkeit zu verbessern.

In allen deutschen Bundesländern sind die Lehrpersonen grundsätzlich zur Fortbildung verpflichtet. Die von der Kultusministerkonferenz eingesetzte Kommission Lehrerbildung hat Ziele, Formen und Einzelmaßnahmen dieses Bildungsbereichs formuliert und zu beachtende Prinzipien herausgestellt (vgl. E. Terhart 2000, S. 131 ff.), die in verschiedenen ländereigenen Bestimmungen berücksichtigt, umgesetzt und teilweise ergänzt wurden. Nicht zu übersehen sind dabei gewisse Differenzen in Festlegungen bzw. Regelungen bezüglich reformorientierter Tendenzen und thematisch-inhaltlicher Schwerpunktsetzungen (vgl. G. Bellenberg/A. Thierack 2003, S. 107 ff.).

Die Bestimmung bzw. Festlegung konkreter Aufgaben und Maßnahmen der Fort- und Weiterbildung hängt eng zusammen mit dem Leitbild von Schule und einem neuen Lehrerbild bzw. Kompetenzprofil mit hohen Erwartungen resp. Erfordernissen bezüglich fachlicher, sozialer und personaler Fähigkeiten.

4. Träger und Orte der Lehrerfort- und -weiterbildung

Veranstaltungen der Fort- und Weiterbildung für Lehrer werden von staatlichen, konfessionellen und freien Trägern angeboten. Bei staatlichen Angeboten handelt es sich um Veranstaltungen, die entweder auf Länderebene von landeseigenen Instituten durchgeführt werden, oder um regional bzw. lokal orientierte Veranstaltungen, für deren Ausrichtung bzw. Vollzug Bezirksregierungen oder Schulämter zuständig sind. Staatlicherseits kommen auch Hochschulen und Fortbildungsakademien zur Wahrnehmung von Aufgaben der Fort- und Weiterbildung in Betracht. Darüber hinaus haben auch Schulen die Möglichkeit, behördlich genehmigte interne Lehrerfortbildungen zu organisieren (vgl. G. Bellenberg/A. Thierack 2003, S. 46; P. Daschner 2004, S. 294; E. Terhart 2000, S. 137 ff.).

Neben den staatlichen Anbietern nehmen auch kirchliche Einrichtungen (wie z. B. konfessionelle erziehungswissenschaftliche Fort- und Weiterbildungsinstitute) Fort- und Weiterbildungsaufgaben wahr, ferner Partnereinrichtungen (z. B. pädagogische Zentren, Medienzentren) und freie Träger (z. B. Vereine, Verbände und sonstige). Dabei ist bemerkenswert, dass freie Anbieter in letzter Zeit in den meisten Ländern an Bedeutung gewonnen haben.

5. Schwerpunkte, neue Aufgaben und Tendenzen im Fort- und Weiterbildungsbereich

Im Rahmen der Qualitäts- und Schulentwicklungsdiskussion wird den Fort- und Weiterbildungsinstitutionen die bedeutsame Funktion zugesprochen, professionelle Unterstützungs-, Begleitungs- und Beratungsleistungen zu erbringen (vgl. B. Priebe 1999, S. 97 f.). Hinsichtlich schulischer Innovationen - insbesondere der Unterrichtsentwicklung als zentraler Aufgabe - ist das erforderlich. Bei der Weiterentwicklung der Lehrerfort- und –weiterbildung als professioneller Unterstützungseinrichtung schulischer Innovationen sollten - so B. Priebe - deren spezielle Hilfeleistungen bedacht und auch gefordert werden: wie etwa die Beratung und Begleitung der Schulen bei der Entwicklung von Schulprogrammen, bei ihrer internen Evaluation, der Beratung von Steuergruppen, der Konfliktmoderation und der Vermittlung von Beispielen gelungener Praxis in schulischen Handlungsfeldern. Als sinnvolle Alternative zu relativ geschlossenen und umfassenden Fort- und Weiterbildungskonzepten empfiehlt er eine „Modularisierung" der Fort- und Weiterbildungsarbeit, die sozusagen in zusammenhängenden Bausteinen angelegt ist, aber nicht deren lineare Nutzung erzwingt, sondern Auswahlmöglichkeiten zulässt (vgl. ebd.; s. a. P. Daschner 2004, S. 298).

Ziel- und adressatenorientierte Differenzierungen der Fort- und Weiterbildung

Die Veranstaltungen der Fort- und Weiterbildungseinrichtungen sind teils angebotsorientiert, teils nachfrageorientiert. In ersterem Falle sind die inhaltlichen Schwerpunktsetzungen primär an vermuteten oder tatsächlichen schulischen und/oder individuellen Problemlagen aus der Sicht von Anbietern ausgerichtet. Die Nachfrageorientierung ist hingegen dadurch gekennzeichnet, dass von den Lehrkräften selbst Fortbildungs- und Entwicklungsinteressen formuliert bzw. eingebracht werden.

Eine andere Unterscheidung mit verschiedener thematischer Ausrichtung betrifft zentralisierte (schulexterne) und schulnahe (schulinterne) Formen. Schulexterne Angebote weisen eine gewisse Distanz zur unmittelbaren Berufswirklichkeit auf, während schulinterne Fortbildungsangebote in enger Verbindung zu Schulproblemen und konkreter Lehrerarbeit stehen.

Eine dritte Differenzierung mit der Ausrichtung auf bestimmte Funktionen zur Verbesserung der Professionalität der Lehrertätigkeit erfolgt bei fachwissenschaftlich, fachdidaktisch und pädagogisch-praktisch ausgelegten Fortbildungen, wobei die auf diesen Sektoren anstehenden Problemlagen speziell thematisiert werden (Zu genannten Differenzierungen vgl. man E. Terhart 2000, S. 131 f.).

Thematische Schwerpunkte und Inhalte

Wenngleich auch in der dritten Phase der Lehrerbildung eine Vereinheitlichung bedarfsorientierter Maßgaben und konkreter Maßnahmen postuliert wird, gehen die Vorstellungen und Konkretisierungen bezüglich der Inhalte zeitgemäßer und zukunftsfähiger Lehrerfort- und -weiterbildung noch auseinander. Das breite Spektrum differentieller Themenwahl und diverser Akzentuierungen von Präferenzen sind Belege dafür. Um einige davon zu benennen, seien als Beispiele angeführt: Soziale und kulturelle Gegenwartsprobleme, Determinanten von Schulqualität, Bildungsstandards, globalisiertes Lernen, interkulturelle Erziehung, Suchtprävention, Gewaltprävention, Schulklima, Disziplinprobleme, handlungsorientierte Unterrichtsmethoden, systematischer Medieneinsatz, Umwelterziehung, politische Bildung, ökologische Bildung, Werteerwerb, Sexualerziehung u. a.

Im Lande Nordrhein-Westfalen, dessen Rahmenkonzept zur Lehrerfortbildung in gewissem Sinne als vorbildhaft eingeschätzt werden kann, sind folgende Themenstellungen aufgeführt:

„Inhaltliche Schwerpunkte schulexterner Lehrerfortbildung:

– Allgemeinpädagogische Fragen, Themen zu Didaktik und Lernpsychologie,
– die neuen Informations- und Kommunikationstechnologien,
– gesellschaftliche, auf die Schule einwirkende Probleme.

Inhaltliche Schwerpunke der schulinternen Lehrerfortbildung:

– Gesellschaftliche Probleme und ihre Auswirkungen auf die Schule wie etwa Erziehungsprobleme, Drogen und Gewalt in der Schule,
– Entwicklungskonzept ‚Stärkung der Schule',
– ‚Qualitätsentwicklung und Qualitätssicherung schulischer Arbeit',
– ‚Schulprogramm',
– Entwicklung von Fachkulturen sowie Evaluation der Arbeit in Schule und Unterricht." (Zit. nach G. Bellenberg/A. Thierack 2003, S. 224).

Bedarfsbedingte neue Aufgaben

Besonderer Bedarf mit zum Teil neuen Aufgaben ergibt sich aufgrund der Tatsache, dass sich auf dem Lehrer-Arbeitsmarkt Angebot und Nachfrage nicht entsprechen. Bundesweit kann derzeit in bestimmten Fächern bzw. Fachkombinationen der Einstellungsbedarf durch Lehrkräfte mit grundständig absolviertem Lehramtsstudium nicht vollständig gedeckt werden.

Infolge vorhandenen Lehrermangels (insbesondere im Bereich beruflicher, aber auch bezüglich mancher Fächer in allgemeinbildenden Schulen) haben alle Länder den Lehrberuf geöffnet und auch solchen Bewerbern Zugangsmöglichkeiten geschaffen, die zwar - ohne Lehrerexamen - in bestimmten Fachgebieten durch Hochschulabschlüsse ausgewiesen sind, jedoch hinsichtlich anderer Erfordernisse für lehramtliche Tätigkeiten noch Nachholbedarf aufweisen bzw. zusätzlicher Qualifikationen bedürfen. Solcher Qualifizierungs- oder Nachqualifizierungsbedarf bekundet sich etwa bei fehlenden fachlichen, fachdidaktischen, erziehungswissenschaftlichen, schulpraktischen Kompetenzen.

Der Zugang zum Lehramt für nicht grundständig qualifizierte Bewerber kann bei Seiten- bzw. Quereinsteigern in Mangelfächer über einen Eintritt in das (reguläre) Referendariat erfolgen oder durch eine (zunächst zeitlich befristete) direkte Einstellung in den Schuldienst. Hierfür gibt es länderspezifische Bestimmungen und Vorgaben. Solche betreffen nicht nur formale Festlegungen zu Eintritt und Übernahme ins Lehramt, sondern auch zu Aus- und Fortbildungsinhalten. So müssen etwa Seiteneinsteiger neben Studieninhalten des regulären Vorbereitungsdienstes noch einen zusätzlichen pädagogischen Ergänzungskurs besuchen. Und der direkte Einstieg in den Schuldienst ist prinzipiell mit berufsbegleitenden Ergänzungs- und Nachqualifizierungsmaßnahmen verknüpft. (zu diesbezüglichen ländereigenen Bedingungen und Bestimmungen vgl. man die Hinweise bei G. Bellenberg/A. Thierack 2003, S. 49 ff.).

Zu den bedarfsbedingten neuen Aufgaben, die sich im genannten Qualifizierungsfeld stellen, gehören ferner noch Maßnahmen berufsbegleitender und -unterstützender Art, deren Berufsanfänger im Besonderen bedürfen. Der Erwerb nötiger Berufsfertigkeit ist mit der Berufsausbildung keineswegs abgeschlossen. Die eigene über einen längeren Zeitraum dauernde Berufspraxis ist dazu unbedingt erforderlich. Für die berufliche Entwicklung spielt insonderheit die "Berufseingangsphase" eine entscheidende Rolle. Hier bilden sich laut Lehrerbildungskommission der Kultusministerkonferenz „spezifische Routinen, Wahrnehmungsmuster und Beurteilungstendenzen sowie insgesamt die Grundzüge einer beruflichen Identität" (E. Terhart 2000, S. 128). Dieser Bedeutung wegen fordert die Kultusministerkonferenz eine Ausgestaltung der Berufseingangsphase sowie spezifische Fortbildungsverpflichtungen für Berufsneulinge. Auch die Hamburger Kommission Lehrerbildung sieht die Aus- und Neugestaltung der Berufseingangsphase als ein Kernstück der Lehrerbildungsreform mit entsprechenden Fortbildungsveranstaltungen an (vgl. J. Keuffer/K. Oelkers 2001, S. 67 ff.). Die mit dem Berufseintritt beginnende Phase mit ihren berufsbegleitenden und -ergänzenden Stützungsfunktionen sollte nach Vorstellungen der Experten vier bis fünf Jahre umfassen und zu weiteren freiwilligen resp. eigenverantwortlichen Kompetenzerweiterungen motivieren.

Erkennbare Entwicklungstendenzen

Eine Durchmusterung der länderspezifischen Erlasse zur Fort- und Weiterbildung von Lehrkräften zeigt ein breites Spektrum von Angeboten und unterschiedlichen Akzentuierungen getroffener Maßnahmen. Trotz dieser Vielfalt lassen sich einige Entwicklungslinien und reformorientierte Tendenzen eruieren. Neuerungsbestrebungen bzw. effizienzsteigernde Aktivitäten richten sich auf:

– Ausweitung bedarfs- bzw. nachfrageorientierter Fortbildungsangebote,
– verbindliche Qualifizierungsmaßnahmen für Schulleitungs- und Schulverwaltungspersonal,
– Ausbau eines Moderatorensystems,
– schulinterne Fortbildungen,
– Nutzung netzbasierter Fortbildung,
– Evaluation der Fort- (und Weiterbildungs-) arbeit,
– Modularisierung der Lehrerfort- und -weiterbildung.

Die Sicherung und Weiterentwicklung der Unterrichts- und Schulqualität verlangt zur Bewältigung und Verbesserung anstehender Aufgaben, Fortbildungs- und Beratungsangebote in Anspruch zu nehmen. Dabei zeigt sich die Tendenz, sich nicht lediglich auf herkömmliche bzw. festgelegte Veranstaltungsangebote zu stützen, sondern aus einem breiteren Repertoire von Angeboten (Angebotskatalog) eine den jeweiligen Interessen entsprechende Auswahl zu treffen (vgl. etwa das Gemeinsame Veranstaltungsprogramm der Lehrerfort- und –weiterbildungsinstitute in Rheinland-Pfalz, Mainz 2004/2005). Nachfrageorientierte Offerten stehen in manchen Bundesländern reichlich zur Verfügung.

Die Schule kann ihrem Auftrag nur gerecht werden, wenn die in ihrem Bereich Tätigen die ihren jeweiligen Aufgaben gemäßen Funktionen vollverantwortlich ausüben. Dafür müssen sie qualifiziert sein. Um das zu gewährleisten, müssen neben den Lehrkräften insonderheit das Schulleitungs- und Schulverwaltungspersonal sowie andere für spezielle Aufgaben zuständige Funktionsträger - um hohe Wirksamkeit entfalten zu können - zur Teilnahme an entsprechenden Qualifizierungsmaßnahmen für ihren Funktionsbereich verpflichtet werden. Verschiedene Bundesländer sind sichtlich bemüht, ihre zielgruppenorientierte Fortbildungsmaßnahmen (für Berater, Moderatoren, Multiplikatoren, Koordinatoren u. a.) zu erweitern.

Zu den markanten Neuerungsbestrebungen, die spezifische Leistungen der Fort- und Weiterbildung herausfordern, gehört unter anderem auch der Auf- und Ausbau eines Moderatorensystems. Moderatoren sind mit einschlägigen Sach- und Handlungskompetenz ausgestattete Fachleute, die den Schulen auf Nachfrage zur Verfügung stehen für Begleitung und Beratung hinsichtlich schulischer Prozessen, bei der Erarbeitung von Schulprogrammen/Schulprofils, hinsichtlich Projektgestaltung, Evaluation, Vermittlung von Experten verschiedener Sachgebiete etc.

Unter den derzeit in Erscheinung tretenden Entwicklungstendenzen im Rahmen der Lehrerfort- und -weiterbildung muss auch auf die ansteigende Gewichtung der schulinternen Fortbildung hingewiesen werden. Unter der weithin sichtbaren Überzeugung, im Bildungsbereich sei eine Dezentralisierung und Abflachung von Hierarchien nötig, verstärkte sich auch die Tendenz, den Einzelschulen (als Entwicklungs- und Handlungseinheiten) mehr Freiheit und Verantwortung zu übertragen. Selbstständigen und eigenverantwortlicheren Schulen wird zugemutet, im Rahmen ihrer Schulentwicklung und ihres Qualitätsmanagements auch ihre Fortbildungsinteressen und ihren Fortbildungsbedarf zu klären, zu artikulieren sowie schuleigene Fortbildungsmaßnahmen zu organisieren und durchzuführen. Als Träger der Schulentwicklung sind die Lehrerkollegien vor Ort besonders motiviert, sich für Qualitätsverbesserungen zu engagieren. Überdies bietet eine schuleigene Fortbildungsplanung samt konkreter Maßnahmen die Möglichkeit, für die Bewältigung angezielter Aufgaben unterschiedliche Kompetenzen zu koordinieren und aufgrund von Evaluation Aufschlüsse über die Qualität erzielter Ergebnisse zu gewinnen.

Es gibt verschiedene Möglichkeiten der Fort- und Weiterbildung. Eine Form ist sicherlich auch die mittels Medien erfolgende bzw. durchgeführte. Personale und soziale Begegnungen, die dem Erfahrungs- und Impulsaustausch dienlich sind (wie z. B. in Seminaren, Konferenzen, Tagungen) sind auch über das elektronische Netzwerk praktikabel. So können etwa Personen, Schulen, Gremien untereinander Verbindungen aufnehmen. Neben solchen Kontakt- und Kommunikationsmöglichkeiten ist von hoher Bedeutung, dass im Netz eine ganze Reihe gewichtiger Fortbildungsthemen einen Platz haben und abgerufen werden können. Davon wird zunehmend Gebrauch gemacht. Netzbasierte Fort- und Weiterbildung wird nicht nur als zukunftsfähig betrachtet, sondern ihrer Effektivität wegen von Experten gefordert.

In vielen Handlungsbereichen ist es nötig, dort erfolgende Geschehensabläufe und getroffene Maßnahmen hinsichtlich ihrer Ergebnisse festzustellen und zu bewerten, also zu evaluieren. Das gilt auch für die Lehrerfort- und -weiterbildungsarbeit. Als Kriterien bzw. Grundlage zur Vergewisserung über Erfolge oder Ausbleiben solcher, können Standards fungieren (Zu verstärkten Bemühungen um Standards für die Lehrerbildung" vgl. E. Terhart 2004, S. 17 ff.).

Fort- und Weiterbildungsevaluation können in den Fortbildungsinstitutionen intern erfolgen und durch (externe) Peer-Evaluation durch Partnereinrichtungen ergänzt werden (B. Priebe 1999, S. 95). Wirksamkeit und Nachhaltigkeit von Fortbildungsmaßnahmen und -leistungen - die auch in Schule und Unterricht evident werden müssen (Transfereffekte) - „entscheiden über Erfolg oder Nichterfolg und sind Grundlage für die Durchführung bzw. Revision der Fortbildungsarbeit" (ebd., S. 101). Zur Frage der Fortbildungsevaluation und ihrer Bedeutung als eines wesentlichen Qualitätselements wird heutzutage allenthalben Stellung genommen (vgl. z. B. G. Bellenberg/A. Thierack 2003, S. 58; P. Daschner 2004, S. 298; H. Altrichter 2004).

Wie in vielen Wissenschaftsbereichen ist auch in Bildungssektoren eine Tendenz sichtbar, die unter dem Begriff „Modularisierung" umschrieben wird. Unter Modularisierung versteht man im Allgemeinen eine Zusammenfassung vom Stoffgebieten zu thematisch und zeitlich abgerundeten, in sich geschlossenen Einheiten. Dahinter steht in der Regel ein Gesamtkonzept, in dem die einzelnen Elemente (Module) aufeinander bezogen sind. Module können sich aus unterschiedlichen Lehr- und Lernformen zusammensetzen und auch über unterschiedliche Zeiträume erstrecken.

Während modularisierte Studien- bzw. Ausbildungsgänge in der ersten und zweiten Phase der Lehrerbildung schon verbreiteter sind, ist die Modularisierung in der dritten Phase weniger ausgeprägt. Es gibt jedoch auch für die Lehrerfort- und -weiterbildung Vorschläge für modulare Umsetzungen. So bietet etwa das Institut für schulische Fortbildung und schulpsychologische Beratung des Landes Rheinland-Pfalz mit dem Programm zur „Sicherung und Weiterentwicklung von Unterrichts- und Schulqualität" acht Module an, die umfassend auf Unterrichtsentwicklung/Unterrichtsqualität, Schulentwicklung/Schulqualität und individuelle Förderung/Heterogenität ausgerichtet sind. Diese Module umfassen vielfältige Elemente, aus denen die Teilnehmer - entsprechend ihren Interessen und mitgebrachten Voraussetzungen - auswählen und solche untereinander kombinieren können (vgl. Gemeinsames Veranstaltungsprogramm... 2004, S. 14, 17).

6. Schlussbemerkung

Die Bemühungen um eine Neuordnung der Lehrerbildung - speziell auch um eine Neugestaltung der Fort- und Weiterbildung von im Beruf stehenden Lehrkräften - lassen in den deutschen Bundesländern erhebliche Unterschiede erkennen (vgl. diesbezüglich detaillierte länderspezifische Regelungen in G. Bellenberg/A. Thierack 2003, S. 107 ff.).

Im Rahmen der in letzter Zeit in der Folge von internationalen und nationalen Vergleichsstudien verschärfen Debatten über Leistungen und Strukturen unseres Bildungswesens werden nachdrücklich verstärkte Reformen zur nachhaltigen Verbesserung der Bildungsqualität gefordert. Zu zentralen Themen dieser Diskussion gehören Sicherung und Weiterentwicklung der Unterrichts- und Schulqualität.

Verschiedene Reformbestrebungen sind eben darauf gerichtet. Als zweckdienlich werden unter dieser Zielstellung im Besonderen die innovative Gestaltung von Lehrplänen, verbindliche Bildungsstandards, berufsorientierte Lehrerbildung (Aus-, Fort- und Weiterbildung i. S. von Kompetenzauf- und -ausbau) angesehen.

Die erstrebten Qualitätsverbesserungen im schulischen Bildungswesen - seien sie auf die Institution Schule wie auf schulisches Personal bezogen - sind in ihrer Wirkung und Wirksamkeit standardbasiert. Zuständige Bildungsbehörden, Expertenkommissionen und andere Gremien zeigen vermehrte Anstrengungen, solchen Standards - Schülerleistungen wie Lehrerhandeln betreffend - bundesweite bzw. länderübergreifende Geltung zu verschaffen. Die Debatten um eine Reform der Lehrerbildung durch Kerncurricula und Standards (vgl. E. Klieme 2004, S. 9 ff.; E. Terhart 2004, S.17 ff.; s. a. KMK... 2003) belegen das.

Die Frage nach nötigen Lehrerkompetenzen, die überall dort von Bedeutung sind, wo es im Bildungsbereich um Lehren und Lernen, um Steigerung der Bildungsqualität, um das Nutzbar-Machen von Lehrplänen für das Erreichen von Bildungsstandards u. a. geht, wird auch künftig zur Diskussion stehen.

7. Literatur

Altrichter, Herbert (2004). Schulinterne Evaluation von Schulprogrammen. Velber.

Bellenberg, Gabriele/Thierack, Anke (2003). Ausbildung von Lehrerinnen und Lehrern in Deutschland. Bestandsaufnahme und Reformbestrebungen. Opladen.

Bildungskommission Nordrhein-Westfalen (1995). Zukunft der Bildung - Schule der Zukunft. Neuwied.

Blömeke, Sigrid/Reinhold, Peter/Tulodziecki, Gerhard/Wildt, Johannes (Hrsg.) (2004). Handbuch Lehrerbildung. Bad Heilbrunn.

Daschner, Peter (2004). Dritte Phase an Einrichtungen der Lehrerfortbildung. In S. Blömeke u. a. (Hrsg.), Handbuch Lehrerbildung, S. 290-301. Bad Heilbrunn.

Doll, Jörg/Prenzel, Manfred (Hrsg.) (2004). Bildungsqualität von Schule. Lehrerprofessionalisierung, Unterrichtsentwicklung und Schülerförderung als Strategien der Qualitätsverbesserung. Münster.

Gemeinsamer Bericht von Kultusministerkonferenz, Hochschulrektorenkonferenz und Bundesministerium für Bildung und Forschung (2003). Realisierung der Ziele der „Bologna-Erklärung" in Deutschland. Stand 30.07.2003.

Gemeinsames Veranstaltungsprogramm der Lehrerfort- und –weiterbildungsinstitute in Rheinland-Pfalz. Mainz 2004/2005.

Gogolin, Ingrid u. a. (Hrsg.) (2005). Standards und Standardisierungen in der Erziehungswissenschaft. Zeitschrift für Erziehungswissenschaft. Beiheft 4/2005. Wiesbaden.

Helmke, Andreas (2004). Unterrichtsqualität. Erfassen-Bewerten-Verbessern. Velber.

Hofmann, Stefanie/Schneider, Matthias (Hrsg.) (2002). Zur zukünftigen Struktur der Lehrerbildung. Positionen-Modelle-Perspektiven. Frankfurt/M. u. a.

Holtappels, Heinz Günter et alii (Hrsg.) (2004). Jahrbuch der Schulentwicklung. Bd. 13. Daten, Beispiele und Perspektiven. Weinheim/München.

Keuffer, Josef/Oelkers, Jürgen (Hrsg.) (2001). Reform der Lehrerbildung in Hamburg. Weinheim/Basel.

Klieme, Eckhard (2004). Bildungsstandards als Beitrag zur Qualitätsentwicklung im Schulsystem. In: D. Berntzen/M. Gehl (Hrsg.), Forum Lehrerbild. Standards und Evaluation. Tagungsdokumentation, S. 9-16. Münster.

Klieme, Eckhard u. a. (2003). Zur Entwicklung nationaler Bildungsstandards. Eine Expertise. Frankfurt/M.

KMK= Sekretariat der Ständigen Konferenz der Kultusminister der Länder in der Bundesrepublik Deutschland (Hrsg.) (1999). Perspektiven der Lehrerbildung in Deutschland. Materialband zum Abschlussbericht der von der Kultusministerkonferenz eingesetzten Kommission. Bonn.

Ministerium für Schule und Weiterbildung, Wissenschaft und Forschung Nordrhein-Westfalen (1997). Professionalität stärken. Rahmenkonzept „Staatliche Lehrerfortbildung in Nordrhein-Westfalen". Frechen.

Ministerium für Wissenschaft, Weiterbildung, Forschung und Kultur Rheinland-Pfalz (2003). Entwurf eines Reformkonzeptes für die Lehrerbildung in Rheinland-Pfalz. Mainz.

Oser, Fritz/Renold, Ursula (2005). Kompetenzen von Lehrpersonen - über das Auffinden von Standards und ihre Messung. In: I. Gogolin u. a. (Hrsg.) Standards und Standardisierungen in der Erziehungswissenschaft. Beiheft 4/2005, S. 119-140. Wiesbaden.

Priebe, Botho (1999). Situation und Perspektiven der Lehrerfortbildung. In KMK (Hrsg.), Perspektiven der Lehrerbildung in Deutschland. Materialband, S. 83-103. Bonn.

Schratz, Michael (2003). Qualität sichern. Schulprogramme entwickeln. Velber.

Seipp, Bettina/Ruschin, Sylvia (2004). Neuordnung der Lehrerbildung an den Hochschulen Nordrhein-Westfalens. Kompetenzen und Standards, Modularisierung, Kreditierung und Evaluation. Bochum.

Terhart, Ewald (2002). Standards für die Lehrerbildung. Eine Expertise für die Kultusministerkonferenz. Westfälische Wilhelms-Universität (ZKL-Texte Nr. 23). Münster.

Terhart, Ewald (2004). Standards für Lehrerbildung. In: D. Berntzen/M. Gehl (Hrsg.), Forum Lehrerbild. Standards und Evaluation. Tagungsdokumentation, S. 17-30. Münster.

Terhart, Ewald (Hrsg.) (2000). Perspektiven der Lehrerbildung in Deutschland. Abschlussbericht der von der Kultusministerkonferenz eingesetzten Kommission. Weinheim/Basel.

IV. Konturen und Merkmale der Lehrerprofessionalität: Zu Vielfalt und Bedeutung beruflicher Kompetenzen von Lehrpersonen

Zu den vordringsten Aufgaben der Schule gehört es, zum Welt- und Lebensverständnis der Schüler beizutragen sowie Handlungs- und Verhaltensweisen anzubahnen, die der Daseinsgestaltung und Aufgabenbewältigung in der multikulturell geprägten Wissens- und Lerngesellschaft dienlich sind. Diesbezüglich nötige Einflussnahme auf Verstehens-, Handlungs- und Verhaltenshorizonte bedingen zielgerechte pädagogische Aktivitäten seitens der Lehrer. Diesen ist insonderheit aufgetragen, den Unterricht so zu gestalten, dass Lernprozesse entstehen, bei denen die Schüler sich nicht mit Daten und Fakten als solchen zufrieden geben, sondern unter Beurteilungskriterien eine Auswahl des „Angebotenen" treffen: insbesondere nach dessen Bedeutung - auch für die eigene Lebensführung - fragen. Die Ermöglichung solchen Lernens, bei dem Weltwissen in Lebenswissen transformiert wird, verlangt den Lehrern beachtliches Wissen (Kenntnisse, Einsichten) und Können (Fähigkeiten, Fertigkeiten) ab. Sie müssen also nicht nur Kompetenzen vermitteln, sondern auch selbst bestimmte ihr Handeln mitprägende Fähigkeiten besitzen.

1. Differenzielle Merkmale als Komponenten des Kompetenzspektrums

Das breite Feld von Qualifikationen, die der beruflichen Tätigkeit von Lehrpersonen bzw. dem Lehrerhandeln abverlangt werden, lassen sich in verschiedene Bereiche einteilen und unterschiedlichen Kategorien zuordnen. In der Literatur werden sie vielfach unter den Stichworten „Schlüsselqualifikationen" und „Kompetenzen" diskutiert. R. Petersen etwa fasst die beruflichen Tätigkeiten von Lehrpersonen in vier Bereiche zusammen und unterteilt die Schlüsselqualifikationen in Fach- und Methodenkompetenz, Sozialkompetenz, Selbstkompetenz, sozialpädagogische Kompetenz (R. Petersen 1999, S. 265 ff.). Laut F. Weinert lässt sich eine ganze Liste von Qualitätsmerkmalen erstellen, die erfolgreiche Lehrerarbeit garantieren. Dabei handelt es sich um einen breitgefächerten Katalog von geistigen, persönlichen und sozialen Wünschbarkeiten mit verschiedenen Bedeutungsweisen. Solche „reichen von intellektuellen Fähigkeiten mit relativ stabilen individuellen Unterschieden (z. B. analytisches, logisches und abstraktes Denken, Urteilsfähigkeit, Problemlösefähigkeit, Kreativität) über generelle Kenntnisse (Fremdsprachen) bis zu strukturellen Persönlichkeitsmerkmalen (Flexibilität, Entscheidungsfähigkeit, Verantwortungsgefühl), Arbeitstugenden (Leistungsbereitschaft, Ausdauer, Konzentrationsfähigkeit, Zuverlässigkeit, Genauigkeit) und sozialen Kompetenzen (Kommunikationsfähigkeit, Kooperationsfähigkeit, Durchsetzungsvermögen)." (F. Weinert 1998a, S. 25).

Im Hinblick auf die hier in Frage stehenden Merkmale und Handlungsbereiche definiert Weinert Schlüsselqualifikationen als individuelle Erkenntnis-,

Handlungs- und Leistungskompetenzen, die prinzipiell erlern- und vermittelbar sind, in möglich unterschiedlichen Situationen und Inhaltsbereichen beim Erwerb notwendiger Spezialkenntnisse, bei Informationsverarbeitung und bei Lösung neuer Probleme mit Gewinn genützt werden können (ebd., S. 27).

2. Weitere Bestimmungsversuche und kategoriale Unterscheidungen von professionellen Qualifikationen

In der Literatur sind mehrere Lehrerkonzepte zu finden, bei denen genannte Probleme eine Rolle spielen. So listet etwa B. Priebe eine ganze Palette von Fähigkeiten und Qualifikationen als Elemente eines neuen Lehrerbildes bzw. Berufsleitbildes für Lehrkräfte auf. Als Basis-Kompetenzen, die sich als Kompetenzbereiche bzw. Aufgabengebiete gliedern lassen, nennt er:

- fachlich-didaktische Kompetenz,
- Fähigkeit zur Menschenführung,
- diagnostische Kompetenz,
- Beratungskompetenz,
- meta-kognitive Kompetenz,
- Medienkompetenz,
- Kooperations- und Teamfähigkeit

(B. Priebe 1999, S. 96).

Der Auf- und Ausbau gewichtiger Kompetenzbereiche beeinflusst die Qualität der Schule und den Unterrichtserfolg von Lehrkräften nachhaltig. Angesichts der Aneignung der von der heutigen Schülergeneration so sehr benötigten Wissensinhalte, Arbeits- und Lerntechniken, von Strategien der Informationsbeschaffung oder Fertigkeiten des Umgangs mit elektronischen Medien sehen sich Schulen und Lehrende zu speziellen und differenzierenden Maßnahmen herausgefordert.

Als unverzichtbare Komponenten modernen Unterrichts - für deren Vermittlung und Erwerb Lehrerbildungsinstitutionen beauftragt sind - lassen sich die besonders wichtigen mit F. Weinert (1998b, S. 121 ff.) in folgende Kompetenzbereiche einordnen:

- Sachkompetenzen
  (Hierbei geht es um die Beherrschung der zu vermittelnden Lehrinhalte im Hinblick auf ihren wissenschaftlichen Gehalt sowie ihre didaktische Strukturierbarkeit.)
- diagnostische Kompetenzen
  (Dabei handelt es sich um eine Mehrzahl von Fähigkeiten, die erforderlich sind, um Kenntnisstand, Lernfortschritte und Leistungsprobleme verschieden begabter Schüler sowie die Schwierigkeiten diverser Lernaufgaben im Unterricht fortlaufend beurteilen zu können.)
- didaktische Kompetenzen

(Darunter sind professionelle Fähigkeiten gemeint, verschiedene Unterrichtsformen zum Erreichen unterschiedlicher pädagogischer Ziele einsetzen zu können, wie etwa besonders relevante Formen: direkte Unterweisung, offener Unterricht, Projektarbeit, Teamarbeit, individualisiert selbstständiges Lernen.)
– Klassenführungskompetenz
(Dazu gehören im Besonderen Fähigkeiten wie Schüler zu motivieren, auf Lernaktivitäten zu konzentrieren, den Unterricht möglichst störungsfrei zu gestalten, für positives Schulleben und Klassenklima zu sorgen.)

Die für die Schule und das dort vorhandene Geschehen relevanten Kompetenzen betreffen teils Anforderungen bzw. Qualitäten in Bezug auf Schüler teils in Bezug auf Lehrer. Solche werden in letzter Zeit zunehmend unter dem Begriff „Standards" diskutiert.

3. Standards als anspruchsvolle Qualifikationsziele

Der Begriff Standards bezeichnet ganz allgemeine Erwartungen, die an Wissen, Können und Haltungen einer Person bzw. Personengruppe gerichtet werden und zu einem gewissen (bestimmten) Zeitpunkt erreicht sein sollen. Solche Erwartungen lassen sich in Zielen resp. Ergebnissen formulieren.

Im Bildungsbereich markieren Bildungsstandards besonders Sollensanforderungen an Schüler (bezogen auf Schultyp, Schulstufen, Schulfächer, Schulabschlüsse) sowie an Studenten (betreffs Studiengängen, Studienabschnitten, Modulen, Abschlüssen, Examina). Mit der Festsetzung und Überprüfung der Berücksichtigung solcher Standards resp. Leistungsanforderungen sind verschiedene Institutionen bzw. Organe befasst: Schulbehörden, Kultus-/Wissenschaftsministerien, Kultusministerkonferenz, Hochschulen, beauftragte Expertenkommissionen.

Im schulischen Bildungsbereich, wo leistungsbezogene und kompetenzorientierte Aktivitäten hoch bedeutsam sind, kommt den Standards eine beachtliche Steuerungsfunktion zu: sowohl als Instrumente der Schulentwicklung wie auch der Lernförderung von Schülern und der inhaltlichen bzw. curricularen Themen-/Objektwahl.

Schul- resp. Lehramtsbezogene Standards lassen sich unter verschiedenen Aspekten differenzieren. So gibt es unterschiedliche Ebenen von Standards: etwa bezogen auf das Niveau von Schule (Schulebene), auf das Niveau von Schülern (Schülerebene), auf das Niveau von Unterricht (Unterrichtsebene), auf das Niveau von Lehrerbildungsinstitutionen: die Elemente und Phasen der Lehrerbildung (Lehrerbildungsebene). Fritz Oser und Jürgen Oelkers unterscheiden in einer Schweizer Studie zu potentiellen Wirkungen von Lehrerbildung folgende Standardgruppen: Soziale Unterrichtsstandards, Didaktische Unterrichtsstandards, Standards der Schulebene (Zu deren Ausdifferenzierung vgl. man F. Oser/J. Oelkers 2001; s. a. E. Terhart 2004, S. 22 f.). Zu unterscheidbaren Standardgruppen für die Bereiche des Lehramtstudiums in Deutschland hat neuerdings besonders Ewald Terhart Vorschläge unterbreitet (Näheres dazu unten!).

Standards als Kompetenzprofile zur Bewältigung von Handlungsanforderungen in pädagogischen Situationen

Lehrer müssen - um dem schulischen Auftrag und den Erfordernissen des Lehrberufs entsprechen zu können - mit einer Reihe Kompetenzen als Qualitätsmerkmalen für spezifische Tätigkeiten ausgestatten werden, die an Arbeits- und Berufsfeld Schule und den hauptsächlichsten Lehrertätigkeiten ausgerichtet sind und qualitätsvolles professionellen Handeln garantieren. Erfolgreiches Lehrerhandeln ist also an das Vorhandensein einer Vielfalt von Komponenten eines Kompetenzspektrums gebunden. Man spricht diesbezüglich auch von Kompetenzbündel bzw. Kompetenzprofil. Nach Auffassung verschiedener Experten lassen sich Standards als Kompetenzprofil in konkreten Lehr-Lernsituationen festlegen. So sehen etwa J. Oelkers, F. Oser, U. Renold u. a. Kompetenzprofile als Grundlage für erfolgreiches Lehrerhandeln.

Effektives Handeln von Lehrkräften in schulischen Situationen ergibt sich aus dem Zusammenwirken diverser Komponenten resp. Elementen von handlungsleitender Relevanz. Dazu gehören theoretische und praktische Kenntnisse wie etwa entwicklungspsychologischer, fachlicher, didaktischer, pädagogischer, organisatorischer u. a. Art. Das als Standard gekennzeichnete Bündel von Kompetenzen ist jedoch primär weder durch praktische oder sonst wie gegründete Kenntnisse bestimmt. Der Erfolg im Handeln beruht vielmehr auf situationsbestimmten unterschiedlichen Handlungsweisen, wie sie in komplexen Situationen (Unterrichtssituationen) herausgefordert werden.

Das hier postulierte situationsbestimmte Lehrerhandeln, das in unterschiedlichen Anforderungskontexten zur Geltung kommen soll, gebietet ein Mehrfaches: Der Lehrer muss die Situation einschätzen, ihre möglichen Kompetenzteile durch sein Wissen absichern und dann so handeln, dass ein optimales Resultat möglich wird. Auch unsichtbare Gegebenheiten müssen bedacht werden. Es gibt also keine eindeutige, sozusagen immer anwendbare Strategie des Handelns, „sondern es gibt Umstände, Situationen, Wissensbestände, die gemeinsam zu einer bewussten professionellen Entscheidung führen" (F. Oser/U. Renold 2005, S. 121).

Lehramtsspezifische Standards sind dadurch gekennzeichnet, dass sie ein in komplexen Unterrichtssituationen abgrenzbares, inhaltlich adäquates, effektives und ethisch gerechtfertigtes Handeln beschreiben, durch das Schüler differentiell gefördert werden (vgl. ebd., S. 129). Diese multifunktionale Dimensionierung jedes Standards (Abgrenzbarkeit, inhaltliche Zieladäquatheit, Effektivität, ethische Reflexität) ist nicht bloß eine zu beachtende Forderung, sondern sie muss auch je neu konstruiert werden. Standards sollen schließlich Handlungsorientierung und -normierung erreichen (ebd., S. 128 f.). Sie erweisen sich gewissermaßen als basale Werkzeuge des Lehrberufs. Um Standards festlegen zu können, sind nach Auffassung genannter Autoren Situationsnennungen und präzise Formulierungen von Verhaltens- und Handlungsweisen notwendig. Diese sind dekontextualisiert und fassen das in jeder Situation zu aktivierende Kompetenzprofil abstrakt zusammen. Die Standards sind immer auch inhaltlich gefärbt und werden jeweils von Unterrichtsnotwendigkeiten bestimmt (ebd., S. 130). Sie verhelfen Lehrpersonen angesichts komplexer Situationen zu Problemlösungen.

4. Studienbereichsbezogene Standards

Zu den in den Bildungswissenschaften, speziell in der Erziehungswissenschaft, lebhaft erörterten Themen gehört u. a. die Frage nach der Wirkung und Wirksamkeit der Lehrerbildung. Wissenschaftliche Befunde sollen darüber aufklären, welche Fähigkeiten durch Lehrerbildung vermittelt bzw. erworben werden können, in welchem Ausmaß das der Fall ist, wie sich diese Fähigkeiten im beruflichen Handeln zeigen und nachweisen lassen.

Um zu überprüfen, wie sich Lehrerbildung auf Lehrerkompetenz auswirkt, erscheint es laut E. Terhart (2004, S. 21) unabdinglich, „dass Kompetenzfelder und dazugehörige Standards für die Lehrerbildung erarbeitet und begründet werden, an denen die festgestellten Wirkungen bemessen werden können."

Für den Aufbau von Lehrerkompetenzen, die im Rahmen von berufsbiographischen Prozessen erfolgen, welche über die Elemente und Phasen der Lehrerbildung hinausreichen (Berufserfahrungen einschließen), kommt nach Auffassung genannten Autors den einzelnen Bereichen des Lehramtsstudiums eine besondere Wertigkeit zu. Welche an Standards orientierten Kompetenzen erworben werden sollen, lassen sich seiner Überzeugung gemäß unter verschiedenen Kriterien fassen bzw. einteilen. Er formuliert für die Ebene der Personen (Absolventen) jeweils 10 Standards für das Studium der Unterrichtsfächer, für das fachdidaktische Studium, für das erziehungswissenschaftliche Studium, für die Absolventen der Zweiten Phase (Siehe zu deren Ausdifferenzierung, die noch weitere Präzisierung erfordert: E. Terhart 2004, S. 25 f.; s. a. ders. 2002). Diese Standards - so der Autor - lassen sich in der Qualität des Unterrichts nachweisen.

5. Postulierung fachspezifischer Standards

Im Hinblick auf Standardgruppen und konkrete Ausprägungsweisen ist der Blick auch noch auf fachspezifische Standards zu richten. Dass diese auf die Schulentwicklung und die Lernergebnisse der Unterrichtstätigkeit bzw. -arbeit einen erheblichen Einfluss ausüben, ist hinreichend bekannt. Aus diesem Grunde hat auch die Kultusministerkonferenz auf Aufgabenstellungen hingewiesen, die Maßnahmen zu verstärkten Bemühungen um die Kennzeichnung realisierbarer Erwartungen und Möglichkeiten konkreter Umsetzung von adäquaten Standards auf einzelne Unterrichtsfächer notwendig erscheinen lassen.

Im Bemühen, fachbezogene Standards aufzuweisen, solche zu erarbeiten und ihnen Geltung zu verschaffen hat die Kultusministerkonferenz maßgebliche Initiativen ergriffen. Erwähnt sei diesbezüglich die 2003 mit der Blickrichtung auf Qualitätsverbesserung schulischer Bildung und auf Vergleichbarkeit schulischer Abschlüsse getroffene „Vereinbarung über Bildungsstandards für den Mittleren Schulabschluss (Jahrgangsstufe 10) (Siehe: KMK 2003a). Als deren bedeutsames Ergebnis kann die Übereinkunft über bundeseinheitliche Standards in den Fächern Deutsch, Mathematik, Erste Fremdsprache (Englisch/ Französisch) gewertet werden.

Die hier genannten fachbezogenen Bildungsstandards konkretisieren Unterrichtsziele, indem sie Fähigkeiten bzw. Leistungsanforderungen umschreiben, die bis zum Schulabschluss vorhanden sein sollen. Bildungsstandards für ein Fach (neben den genannten Fächern sollen solche auch hinsichtlich weiterer Fächer erstellt werden wie z. B. Biologie, Chemie, Physik u. a.) sind sozusagen Kataloge von Kompetenzbeschreibungen, die im Rahmen eines fachdidaktischen Kompetenzmodells kategorisiert und konkretisiert werden. Mit der Entwicklung solcher Modelle und dem Aufweis bzw. der Auflistung von mit fachspezifischen Standards verbundenen Kompetenzen wurden seitens der KMK Expertengruppen (aus Fachleuten der 16 Bundesländer zusammengesetzt) beauftragt.

Um an einem Beispiel zu verdeutlichen, wie mit fachspezifischen Standards Erwartungen verknüpft sind und wie ein Kompetenzkatalog für den Mittleren Bildungsabschluss im Fach Deutsch zum Standard „Literarische Texte verstehen und nutzen" lauten kann, sei auf eine Passage des KMK-Beschlusses „Bildungsstandards im Fach Deutsch für den Mittleren Schulabschluss" (vgl. KMK 2003b, 14-15) verwiesen. Dort werden den Schülern folgende Kompetenzen abverlangt:

– ein Spektrum von Werken bedeutender Autor/innen zu kennen,
– epische, lyrische und dramatische Texte unterscheiden zu können,
– zentrale Inhalte erschließen zu können,
– wesentliche Elemente (Figuren, Raum-Zeitdarstellung) erfassen zu können,
– eigene Deutungen entwickeln zu können,
– produktive Methoden anwenden zu können,
– Verhaltensweisen bewerten zu können.

Es erscheint nötig, diese Kompetenzen durch Aufgabenstellungen zu konkretisieren und durch Tests zu überprüfen, ob dem im Standard erhoben Erwartungen entsprochen wird. Von daher sind Rückschlüsse auf Erfolg oder erforderliche Korrekturen unterrichtlicher Maßnahmen möglich. Mit der Klärung hierher gehörender Fragen befasst sich u. a. auch das von den Ländern eingerichtete „Institut für Qualitätsentwicklung im Bildungssystem" an der Berliner Humboldt-Universität.

6. Kerncurricula und Standards als normierende Steuerungsinstrumente

Angesicht der unterrichtlichen Qualitätssteigerung durch verstärkte Ausrichtung des Lehrerhandelns an der Maßstäbe setzenden Funktion von Standards als zentralen Elementen beruflicher Tätigkeiten zeigt sich derzeit ein verstärktes Bemühen um theoretische und praktische Beschäftigung mit solchen, samt der mit ihnen verbundenen konkreten Aufgabenstellungen. Bei den diesbezüglichen Bemühungen fällt auf, dass sie nicht lediglich in einzelnen (differentiellen) Hauptfachstudiengängen thematisiert, sondern auch im Zusammenhang mit auf Neuerungen bedachte Veränderung bzw. Umgestaltung von Lehrplänen diskutiert werden. Fakt ist, dass eine verstärkte Berücksichtigung von Standards mit qualitätssichernden curricularen Bestrebungen zu tun hat (vgl. etwa entsprechende Beiträge in I. Gogolin u. a. 2004, S. 107 ff.).

Im Zuge der gegenwärtig laufenden Reformbestrebungen zur Lehrerbildung sind gegenwärtig bundesweit Bemühungen um standardorientierte Lehrpläne zu registrieren. Speziell wird darauf abgehoben, Kernlehrpläne für einzelne Schulfächer auszugestalten. Solche Kernlehrgänge - deren Adressaten primär Lehrkräfte sind - lassen sich dadurch charakterisieren, dass sie

- schulformspezifische Kompetenzerwartungen beschreiben,
- Kompetenzbeschreibungen auf einen fachlichen Bildungskern beschränken,
- die Kompetenzen durch Indikatoren konkretisieren, die erfolgreichem Handeln, Sachverständnis sowie Problemlösungsfähigkeiten dienlich sind,
- die Kompetenzen in ein umfassendes fachadäquates Kompetenzmodell (unter Berücksichtigung prozess- wie inhaltsbezogener Kompetenzbereiche) einordnet (vgl. dazu die auf das Fach Mathematik bezogenen Ausführungen bei T. Leuders 2004, S. 31 ff.)

Solche Kernlehrgänge, die Bedingungen des Lehrens und Lernens erheblich beeinflussen, die Unterrichtsarbeit anregen und effektivieren, stellen sozusagen eine nützliche Grundlage für die Entwicklung schuleigener Lehrpläne dar.

7. Schlussbemerkungen

In der bildungspolitischen und erziehungswissenschaftlichen Diskussion spielt heute die Qualitätssicherung von schulischer Bildung sowie zugehöriger Lehrerbildung und deren wechselseitige Verschränkung eine wichtige Rolle.

Zu den sich dabei vorrangig aufdrängenden Problemen gehören Fragen wie die nach Zielsetzungen und Realisierungsmöglichkeiten schulischer Entwicklung und zentraler Aktivitäten schulischen Personals. Nähere Aufklärung darüber ist vonnöten, welche Orientierungspunkte bzw. Maßstäbe effektiver Lehrtätigkeit resp. Unterrichtsgestaltung nachhaltigen Erfolg versprechen, welche Steuerungsinstrumente sich diesbezüglich als relevant erweisen, wie die Wirksamkeit standardbezogenen Lehrerhandelns auf ihre Tauglichkeit überprüft (evaluiert) und gegebenenfalls revidiert werden kann.

Was die Förderung der Entwicklung des Schulsystems betrifft, lassen sich mehrere effektive Komponenten anführen. Unter Berücksichtigung gesellschaftlicher Entwicklungen, globaler Veränderungen und humaner Bedürfnisse in vielen Daseins- und Lebensbereichen nötigen Defizite in mehrfacher Hinsicht zu konzeptionellen Veränderungen: z.B. hinsichtlich der Verbesserung schulischer Organisations- und Kommunikationsstruktur (als soziales System); ferner hinsichtlich der Verbesserung der Unterrichtsprozesse (durch Erneuerung des Klimas, der Formen und Inhalte pädagogischer Arbeit), speziell auch durch Neuordnung der Lehrerbildung (per stärkerer Ausrichtung an professionellen Aufgabenkreisen des Lehrberufs und der Arbeitswelt).

Die adäquate Erfüllung berufsbezogener Aufgaben erfordert die Ausprägung mehrdimensionaler Lehrerqualifikationen, die primär in der Aus-, Fort-, Weiterbildung sowie ergänzenden praktischen Erfahrungen erworben werden können. Die dabei besonders akzentuierten Kompetenzbereiche, die auch in den Kernlehrplänen - speziell den fachbezogenen - herausgestellt werden, betreffen prozessbezogene sowie inhaltsbezogene Kompetenzen, neben denen noch ebenso bedeutsame überfachliche, soziale und personale Kompetenzen zu berücksichtigen sind (vgl. T. Leuders 2004, S. 35).

Die heute weithin geforderte Qualitätskontrolle schulischer Gegebenheiten und breit gefächerter Geschehensabläufe unter besonderer Hinsicht auf fundierende Kompetenzen, Maßgaben und Aktivitäten wirksamen Lehrerhandelns sowie normierender Steuerungsinstrumente (wie Lehrplanformatierungen, Kerncurricula, Standards) ist unverzichtbar. In diesem Anbetracht erfolgende Evaluation gibt Hinweise auf akzeptable Wege (Methoden) oder eventuell revisionsbedürftige Maßnahmen theoretischer und/oder praktischer Art, auch hinsichtlich notwendiger Forschungsaufgaben.

8. Literatur

Becker-Mrotzek, Michael (2004). Sprachliche Qualität im Deutschunterricht: feststellen und bewerten. In D. Berntzen/M. Gehl (Hrsg.), Forum Lehrerbild. Standards und Evaluation, S. 48-53. Münster.
Berntzen, Detlef/Gehl, Marcus (Hrsg.) (2004). Forum Lehrerbild. Standards und Evaluation. Tagungsdokumentation (ZfL-Text Nr.1). Münster.
Carlsburg, Gerd-Bodo von/Heitger, Marian (Hrsg.) (2005). Der Lehrer - ein (un)möglicher Beruf. Frankfurt/M. u. a.
Doll, Jörg/Prenzel, Manfred (Hrsg.) (2004). Bildungsqualität von Schule. Lehrerprofessionalisierung, Unterrichtsentwicklung und Schülerförderung als Strategien für Qualitätsverbesserung. Münster.
Fitzner, Thilo (2003). Bildungsstandards. Internationale Erfahrungen - Schulentwicklung - Bildungsreform (edition akademie). Bad Boll.
Gogolin, Ingrid/Krüger, Heinz-Hermann/Lenzen, Dieter/Rauschenbach, Thomas (Hrsg.) (2005). Standards und Standardisierungen in der Erziehungswissenschaft. Beiheft 4/2005 der Ztschr. für Erziehungswissenschaft (ZfE). Wiesbaden.
Hamann, Bruno/Hamann, Birgitta (2002). Neue Herausforderungen für eine zeitgemäße und zukunftsorientierte Schule. Frankfurt/M. u. a.
Klein, Helmut E./Hüchtermann, Marion (2003). Schulsystem: Indikatoren für Leistung und Effizienz. In H. Klös/R. Weiß (Hrsg.), Bildungsbenchmarking Deutschland - Was macht ein effizientes Bildungssystem aus? S. 87-208. Köln.

Klieme, Eckhard (2004). Bildungsstandards als Beitrag zur Qualitätsentwicklung im Schulsystem. In D. Berntzen/M. Gehl (Hrsg.), Forum Lehrerbild. Standards und Evaluation, S. 9-16. Münster.

Klös, Hans-Peter/Weiß, Reihold (Hrsg.) (2003). Bildungsbenchmarking Deutschland - was macht ein effizientes Bildungssystem aus? Köln.

KMK= Sekretariat der Ständigen Konferenz der Kultusminister der Länder in der Bundesrepublik Deutschland (Hrsg.) (1999). Perspektiven der Lehrerbildung in Deutschland. Materialband zum Abschlußbericht der von der Kultusministerkonferenz eingesetzten Kommission. Bonn.

KMK= Sekretariat der Ständigen Konferenz der Kultusminister der Länder in der Bundesrepublik Deutschland (Hrsg.) (2003a). Vereinbarung über Bildungsstandards für den Mittleren Schulabschluss (Jahrgangsstufe 10). Berlin.

KMK= Sekretariat der Ständigen Konferenz der Kultusminister der Länder in der Bundesrepublik Deutschland (Hrsg.) (2003b). Bildungsstandards im Fach Deutsch für den Mittleren Schulabschluss. Berlin.

KMK= Sekretariat der Ständigen Konferenz der Kultusminister der Länder in der Bundesrepublik Deutschland (Hrsg.) (2004). Standards für die Lehrerbildung; Bildungswissenschaften. Beschluss des KMK vom 16.12.2004. Berlin.

Leuders, Timo (2004). Standardorientierte Lehrplanformate (der Lehrplan Mathematik NRW) - mögliche Konsequenzen für den Mathematikunterricht. In D. Berntzen/M. Gehl (Hrsg.), Forum Lehrerbild. Standards und Evaluation, S. 31-40. Münster.

Oser, Fritz/Oelkers, Jürgen (Hrsg.) (2001). Die Wirksamkeit der Lehrerbildungssysteme. Von der Allrounderbildung zur Ausbildung professioneller Standards. Chur/Zürich.

Oser, Fritz/Renold, Ursula (2005). Kompetenzen von Lehrpersonen - über das Auffinden von Standards und Standardisierungen in der Erziehungswissenschaft, S. 119-140. Wiesbaden.

Petersen, Rainer (1999). Kompetenzen bekommt man nicht vermittelt... Schlüsselqualifikationen in der Lehrerbildung. In G. Köhler u. a. (Hrsg.), „Professionalität und Polyvalenz". Die Lehrerbildung auf dem Prüfstand. Dokumentation der 18.GEW-Sonderschule '98, S. 165-270. Frankfurt/M.

Priebe, Botho (1999). Situation und Perspektiven der Lehrerfortbildung. In KMK (Hrsg.), Perspektiven der Lehrerfortbildung in Deutschland. Materialband, S. 83-103. Bonn.

Schlömerkemper, Jörg (2004). Bildung und Standards. Zur Kritik der „Instandsetzung" des deutschen Bildungswesens. 8. Beiheft der Zeitschrift „Die Deutsche Schule". Weinheim.

Seipp, Bettina (2004). Kompetenzen und Standards in der Lehrerbildung. In B. Seipp/S. Ruschin, Neuordnung der Lehrerbildung an den Hochschulen Nordrhein-Westfalens, S. 39-57 (Dortmunder Beiträge zur Pädagogik, Bd. 36). Bochum.

Standards in der Lehrerbildung (2005). Heftthema der Ztschr. für Pädagogik, 51 (2) 253-290.

Terhart, Ewald (2002). Lehrerberuf und Lehrerbildung. Forschungsbefunde, Problemanalysen, Reformkonzepte. Weinheim.

Terhart, Ewald (2002). Standards für die Lehrerbildung. Eine Expertise für die Kultusministerkonferenz (ZKL-Texte Nr. 24). Münster.

Terhart, Ewald (2003). Wirkung von Lehrerbildung. Perspektiven einer an Standards orientierten Evaluation. In Journal für Lehrer/innenbildung, 3, 8-19.

Terhart, Ewald (2004). Standards für die Lehrerbildung. In D. Berntzen/M. Gehl (Hrsg.). Forum Lehrerbild. Standards und Evaluation. S. 17-30. Münster.

Weinert, Franz (1998a). Vermittlung von Schlüsselqualifikationen. In S. Matalik/D. Schade (Hrsg.), Entwicklungen in Aus- und Weiterbildung. Anforderungen, Ziele, Konzepte, S. 23-43. Baden-Baden.

Weinert, Franz (1998b). Neue Unterrichtskonzepte zwischen Notwendigkeit, pädagogischen Visionen und psychologischen Möglichkeiten, In Bayerisches Staatsministerium für Unterricht, Wissenschaft und Kunst (Hrsg.), Wissen und Werte für die Welt von morgen, S. 101-125. München.

V. Funktion und Leistungsfähigkeit eines effektiven Bildungssystems:
Schule und Unterricht vor neuen Herausforderungen

Zu den Themenstellungen, die in der modernen Lebenswelt ein lebhaftes Interesse hervorrufen, gehört zweifelsohne auch die nach Funktion und Bedeutung von Bildung. Die hierzulande und sonst in Expertengremien und in der Öffentlichkeit geführten Bildungsdebatten zeugen davon. Die zu Zeiten immer wieder neu anstehende und zur Klärung aufgegebene Frage, was Bildung ist und vermag, fällt je nach dem Standpunkt, von dem aus man sie betrachtet bzw. angeht, verschieden aus: je anders etwa aus wissenschaftlicher, weltanschaulicher oder anderer Sicht.

Die weltweit vielbeachteten Ergebnisse der PISA-Studien und anderer mit Bildungsproblemen befasster Forschungen verweisen auf die Notwendigkeit einer grundlegenden und umfassenden Reform des Bildungswesens. Schwerpunktmäßig werden dabei Qualitätsverbesserungen in einzelnen Bildungsbereichen postuliert und pointiert sowie Steuerungsmöglichkeiten aus verschiedener Perspektive (in rechtlicher, administrativer, ökonomischer und bildungspolitischer Hinsicht) aufgezeigt (vgl. H. Döbert u. a. 2003).

Die Frage nach wesentlichen Kennzeichen und Potenzialen von Bildung nötigt uns zur Klärung verschiedener detaillierter Probleme, wie etwa der begrifflichen Bestimmung, der Funktionalität zentraler Bildungsfelder bzw. Bildungsbereiche/-orte, ferner dem Aufweis bedeutsamer Bildungsdimensionen sowie der Verdeutlichung von Grundlagen und Voraussetzungen hierher gehörender Aktionen resp. Aktivitäten samt den sich dabei ergebenden handlungsbezogenen Herausforderungen und Konsequenzen.

1. Bildungsverständnis und bedeutsame Merkmale qualifizierter Bildung

Was Bildung eigentlich ist, welches ihre wichtigen Bereiche und Dimensionen sind, an welchen Orten sie geschieht bzw. statthat, worauf sie abzielt, wodurch sie bedingt ist, zu was sie herausfordert und was sie bewirken kann, sei im Folgenden kurz angezeigt.

Der Ausdruck „Bildung" ist ein disziplinübergreifender Begriff mit vielfältigen Bedeutungen und Gebrauchsweisen. Da er zur Bezeichnung diverser Dinge, Sachverhalte, Erscheinungsweisen verwendet wird, ist eine Begriffsdefinition außerordentlich schwierig. In Bildungstheorien - und auch in Entwürfen verschiedener Autoren - wird versucht, unterschiedliche Dimensionen von Bildung zu identifizieren (vgl. Y. Ehrenspeck 2004, S. 68 ff.).

Trotz vorhandener definitorischer Schwierigkeiten gibt es allenthalben Versuche, wesenhafte Aspekte von Bildung kategorial zu fassen und unter Hinweisen auf ihre spezielle Funktions- und Leistungsfähigkeit zu verdeutlichen.

In den derzeitigen Bestrebungen um Erneuerung des Bildungswesens und den im Modernisierungsdiskurs geforderten Bildungsreformen spielt der Bildungsbegriff - auch wenn er durch andere Bezeichnungen (wie z. B. Konditionierung, Qualifizierung, Kultivierung, Lernen) verdrängt wird - eine wichtige Rolle. Seine Bedeutung kann mit seiner speziellen Funktion und Leistung begründet werden: fungiert er doch als Schlüsselwort für die Vermittlungs- und Aneignungsprozesse, die dem Individuum (Subjekt) einen gewissen Habitus verleihen: einen Fundus an Wissen, Können und Verhalten, der nicht nur die humane (personale) Entfaltung, sondern auch die mitgestaltende (verantwortliche) Teilnahme am realen Leben der Gegenwart ermöglicht und dazu motiviert, sich von den berechtigten Postulaten der Menschenwelt sowie der dinglichen und geistigen Welt „in-Anspruch-nehmen" zu lassen.

Der Begriff Bildung ist auf eine Mehrzahl von Fakten und Vorgängen in der komplexen Lebenswelt bezogen, wie der vielfältige Wortgebrauch in formelhaften Wendungen zeigt. So wenn etwa - um einige Beispiele zu nennen - gesprochen wird von „Bildung als" Orientierungsfaktor in der modernen Lebenswelt, Lebensbegleitung und Erneuerung, Mittel zur Lebenserneuerung, Fundament gelingenden Lebens, zukunftsgestaltendem Faktor, Transporteur geistiger Güter, Schlüssel für nachhaltige Entwicklung (in ökologischer, sozialer, wirtschaftlicher Hinsicht), verarbeitetem Wissen etc.

2. Bildung als anthropologische Kategorie

Wenngleich von einem inflationären Gebrauch des Bildungsbegriffs gesprochen werden kann, bezieht dieser sich nicht in erster Linie auf Systeme, Institutionen oder Bildungswege. Zentral eignet ihm die Fokussierung auf den Menschen als Individuum und Gemeinschaftswesen. Bildung ist primär eine anthropologische Kategorie und jedem Bildungsbegriff liegt ein bestimmtes Menschenbild zugrunde. Dieses gibt einen Maßstab dafür ab, was Bildung ist und vermag (Näheres dazu: Kirchenamt der EKD 2003; B. Hamann 2005).

Bildung bezeichnet sowohl den Prozess, in dessen Verlauf sich die geistige Prägung eines Menschen vollzieht, als auch dessen Ergebnis, also den Zustand des Gebildetseins. In der Auseinandersetzung mit sich selbst und mit der Welt, in der es lebt, verwirklicht das Individuum sein Menschsein. Nach heutigem Verständnis ist Bildung ein lebenslanger Vorgang, für den nicht nur institutionell beeinflussende Instanzen bzw. Vermittlungsagenten bedeutsam sind, sondern der auch wesentlich von der Eigenleistung des Menschen mitbestimmt ist. Grundlage sind dabei Wertvorstellung der jeweiligen Gesellschaft, die allerdings nicht statisch, sondern einem geschichtlichen und kulturellen Wandel unterworfen sind.

3. Bildungsträchtige Felder und Orte

Die Frage nach gewichtigen Bereichen und „Stätten", wo Bildung sich ereignet resp. geschieht, kann mit T. Rauschenbach (2005, S.3 ff.) unter Hinweis auf folgende „Bildungsorte" mit ihren je unterschiedlichen Lern- und Lebenswelten als bildungswirksamen Einflussgrößen beantwortet werden. Bildungsmöglichkeiten, die der Welterschließung und der Lebensführung in besonderer Weise dienlich sind, gibt es vielerorts. Bildung findet sozusagen überall dort statt, wo Menschen Alltag erleben und Erfahrungen machen. Als besonders effiziente Bildungsinstanzen bzw. als wesentliche „Gestalter" von Lern- und Lebenswelten fungieren: Familie, institutionelle Kinderbetreuung (besonders Kindergarten), Schule (mit typeneigenen Stufen und Unterrichtsformen), Gleichaltrigengruppe (Peergroup als Koproduzent des Lernens), Jugendarbeit (geschlossene und offene wie z. B. in Freizeitstätten). Darüber hinaus gibt es noch weitere Lernorte mit Bildungsmöglichkeiten. Besonderer Erwähnung bedarf dabei die Prägekraft der Medien. Bildende Wirkmöglichkeiten ergeben sich speziell auch in der Beschäftigung resp. der Konfrontation mit Kunst, Literatur und anderen Kulturgütern.

4. Indikatoren der Leistungsfähigkeit und Wirksamkeit von Schule und Unterricht

Ohne Segmente und Teilaspekte der Bildung (des Bildungsgeschehens) hier extensiv kennzeichnen zu wollen, seien noch einige bemerkenswerte Bildungsdimensionen benannt (wie z. B. ethische, soziale, geschichtliche, kulturelle, religiöse, ästhetische, ökologische, phasengerechte Bildung) und der Blick auf prozessuale und resultative Indikatoren der Leistungsfähigkeit und Wirksamkeit von Schulsystem und -unterricht zu lenken.

Die hier zur Klärung anstehenden Kernfragen lauten: Welche Gestaltungsfaktoren bestimmen die Qualität einer guten Schule und welche Einflussgrößen sind ausschlaggebend für effektiven Bildungserfolg?

Die Qualität von Schule / Schulsystem und Unterricht hängt von einer Reihe von Einflussfaktoren bzw. intervenierenden Variablen ab. Diese bestimmen als Gestaltungsfaktoren die schulische Wirksamkeit und den Bildungserfolg in hohem Maße. Während früher das deutsche Bildungssystem weitgehend inputgesteuert war, also über Bereitstellung von Ressourcen und administrative Vorgaben, wobei schulorganisatorische Maßnahmen eine dominante Rolle spielten, werden heute zusätzliche Einfluss- resp. Handlungsgrößen gefordert, die das Geschehen im Unterricht selbst (einschließlich der Bedingungen und Arbeitsabläufe) stärker bestimmen. Zu solchen qualitätshebenden Maßnahmen, die sich nicht nur auf hohes Engagement schulischer Akteure, auch nicht nur auf erwartetes kompetentes Handlungsrepertoire der Lehrkräfte, also auf professionelle Fähigkeiten (einschließlich didaktischer Fertigkeiten) eingrenzen lassen, tragen zudem noch andere Faktizitäten bei: Verbesserungen der Schul- und Unterrichtsqualität bzw. Steigerung von Schulleistung und Unterrichtserfolg wird u. a. auch bewirkt, wenn Schulen vorhandene Gestaltungsfreiräume nutzen, sich ein eigenes Profil geben, ein hohes Schulethos aufbauen, ein gutes Kommunikationsklima schaffen, sich um Selbstentwicklung mühen und Selbstevaluation durchführen (vgl. H. Klein/M. Hüchtermann 2003, S. 105).

5. Maßgebliche Faktoren zur Bewertung der Effektivität eines Schulsystems

Die Effektivität eines Bildungs- /Schulsystems lässt sich - worauf entsprechende Forschungsbefunde hinweisen - anhand von Produktqualitäten sowie von Prozessqualitäten ermessen.

Als Produktqualitäten (Outputfaktoren), die in sichtbaren Ergebnissen schulischer Bemühungen greifbar werden, „gelten die erzielten fachlichen Leistungen der Schüler und die Zahl der Schüler, welche bestimmte formale Bildungsabschlüsse erwerben. In umfassenderem Sinne sind dazu aber auch fachübergreifende Kompetenzen sowie erworbene Einstellungen und Haltungen zu zählen. Eine Bewertung der erreichten Wirkungen ist letztlich an die Erwartungen und Zielsetzungen geknüpft, die dem Schulsystem vorgegeben werden" (H. Klein/M. Hüchtermann 2003, S. 106). Zur Einschätzung der Funktions- und Leistungsfähigkeit des Bildungssystems spielen auch Inputgrößen eine Rolle, die sich auf die Organisation von Schule und die Arbeitsbedingungen von Lehrkräften (z. B. Vergütung, Arbeitszeit) beziehen (Nähere Ausführungen dazu: ebd., S. 114 ff.).

Die Bewertung der Funktions- und Leistungsfähigkeit des Bildungs-/Schulsystems, speziell der Effizienz der Unterrichtsarbeit lässt sich - wie oben bereits erwähnt - auch anhand von Prozessqualitäten ermessen.

Die Prozessqualitäten sind multivalent. Sie „beziehen sich auf das Schulleben als Ganzes. Es geht um eine Vielzahl von Faktoren, wie beispielsweise die Unterrichtsqualität, das Schulklima, die Zusammenarbeit der Lehrkräfte, die Arbeitsorganisation und Arbeitsabläufe, die ihrerseits die Produktqualitäten als Leistungsergebnis (Output) und dessen Wirkungen (Outcome) bestimmen" (ebd., S. 133).

Die Leistungsfähigkeit und Wirksamkeit des Schulsystems hängt in hohem Maße auch von der Aus-, Fort- und Weiterbildung vom Lehrpersonal ab (Näheres dazu in den obigen Kapiteln II und III).

6. Determinanten der Schulleistung

Unter dem Begriff Schulleistung kann Unterschiedliches verstanden werden: z. B. Leistungen von individuellen Schülern und von Schulklassen, prozedurales oder deklaratives Wissen, fachspezifisches Wissen oder überfachliche Fähigkeiten. Schulleistung wird durch verschiedene Faktoren bestimmt, die zueinander in einem komplexen Gefüge stehen. Als wesentliche Faktoren, welche die

Schulleistungen bedingen, gelten: Persönlichkeitsmerkmale der lernenden Schüler sowie Einflüsse von Familie, Schule, Peers, Medien und Alltagserfahrungen (vgl. A. Helmke/F. Schrader 2001, S. 81 f.).

Individuelle Determinanten

Neben anlagebedingten biologischen Merkmalen stellt die Intelligenz eine der wichtigsten Determinanten der Schulleistung dar. Intelligentere Schüler sind in der Lage, schneller und effektiver leistungsrelevante Regeln zu erkennen und Probleme zu lösen sowie aufgrund dieser Fähigkeit ein besser vernetztes Wissen zu erwerben, was nachfolgenden Lernprozessen förderlich ist. Die Bedeutung des Vorwissens für darauf aufbauende Lernprozesse ist durch empirische Befunde nachgewiesen.

Durch Untersuchungen belegt ist auch, dass bei den individuellen Faktoren der Schulleistung nicht nur kognitive Merkmale eine Rolle spielen, sondern auch volitionale (willensmäßig aktivierte) und motivationale (verhaltensgesteuerte) Komponenten als mitbedingende Elemente das Handeln und Lernen antreiben und damit für Lernprozesse relevant sind. ´

Unter volitionale Determinanten des Lernens und der Schulleistung fallen: Lernstile, Lernstrategien, Lerngewohnheiten, Arbeitstechniken, Handlungskontrollen. In Lernmotivation gehen sowohl subjektive wie auch Anreizwerte ein. Zu ersteren gehören z. B. leistungsbezogenes Selbstvertrauen, Erfolgserwartung, Selbstverwirklichkeit, Interesse, Einstellung zum Lernen (affektiv getönte Orientierung gegenüber dem Lernen). Anreizwerte können sein: antizipierte Folgen (Stolz, Selbstgefälligkeit, Trauer, Reaktionen signifikanter Anderer) aber auch der Lernhandlung selbst entgegengebrachtes Interesse (vgl. ebd., S. 83 f.).

Zum Abschluss der kurzen Hinweise auf die genannten individuellen Determinanten der Schulleistungen sei noch vermerkt, dass diese nicht beziehunglos nebeneinander stehen, sondern in komplexer Weise miteinander interagieren. In der Lern- und Leistungshandlung greifen kognitive, volitionale und motivationale Personenmerkmale ineinander (ebd., S. 82 ff., s. a. K. Heller 1997, S. 183 ff.).

Familiäre Determinanten

Die Frage nach familiären Einflüssen auf die Schulleistungen von Kindern kann nicht einfach mit dem Hinweis auf genetische Einflussfaktoren beantwortet werden. Denn diese können nicht - da sie mit Umwelteinflüssen konfundiert, also vermengt sind - ohne Berücksichtigung letztgenannter Kovariante wirkursächlich gedeutet werden. Laut A. Helmke/F. Schrader (2001, S. 84) sind die eigentlichen Wirkvariablen „in schulleistungsrelevanten Merkmalen des Erziehungsstils oder der familiären Lernumwelt zu sehen".

Forschungsergebnisse einschlägiger Studien zur Rolle des Elternverhaltens, der Elternpersönlichkeit und der familiären Lernumwelt für die Schulleistung, lassen einen Zusammenhang zwischen Elternverhalten und Schulleistung erkennen dergestalt, dass die Schulleistung von den elterlichen Erwartungen beeinflusst wird, dass sich umgekehrt die Erwartungen der Eltern am Leistungsstand des Kindes orientieren.

Schulleistungsrelevantes Elternverhalten mit Effekten auf kindliches Lernen lassen sich im Anschluss an zuletzt genannte Autoren folgenden Kategorien zuordnen:

- Stimulation (stimulierende Einflussnahme)
- Instruktion (instruierende Einflussnahme)
- Motivation (motivierende Einflussnahme)
- Modellfunktion (modellhafte Einflussnahme)
- (zu Folgenden: ebd., S. 45).

Stimulierende Einflussnahme:
Die in der Familie herrschende Atmosphäre bietet viele Lerngelegenheiten, welche Neugier und Interessen ansprechen, die sensumotorische und intellekte Entwicklung fördern, sozusagen die Gesamtaktivität anregen.

Instruierende Einflussnahme:
Eltern übernehmen oft Aufgaben, die in ergänzendem, vertiefendem, kompensatorischem oder kooperativem Verhältnis zum schulischen Unterricht stehen. Elterliche Instruktionsaufgaben können um so wirksamer sein, je besser sie vorhandene Lernvoraussetzungen berücksichtigen, je stärker sie prozessorientiert sind, je weniger sie direktiv erfolgen, je besser sie in ein positives Familienklima eingebettet sind, je fachlich kompetenter sie geleistet werden.

Motivierende Einflussnahme:
Effiziente elterliche Beeinflussung des kindlichen Lernverhaltens kann auch dadurch erfolgen, dass Eltern auf schulleistungsrelevante Motive, Einstellungen, Selbstkonzepte und Orientierungen ihrer Kinder einwirken: etwa durch schulleistungsbezogene Erwartungen, Anspruchsniveaus, Belohnungen und Sanktionen, Zielvorstellungen sowie durch Einschätzungen, Diagnosen und Prognosen der Kompetenzen ihrer Kinder.

Modellhafte Einflussnahme:
Die prägende Wirkung eines sozialen Vorbildes ist längst bekannt. Das gilt auch hinsichtlich der Modellfunktion signifikanter Familienmitglieder, vor allem der Eltern. Diese fungieren als wirkungsvolle Vorbilder für ihre Kinder bezüglich verschiedenen Verhaltens und Handelns. So werden u. a. auch ihre Strategien des Umgangs mit Leistungsanforderungen, Erfolgen und Misserfolgen von den Kindern durch Beobachtungslernen übernommen und beeinflussen dann mittelbar deren Schulleistung.

Exkurs

Der Themenkomplex „Familie und Bildung" ist sehr aspektreich. Die Wechselbeziehung zwischen Familie und Bildung stellt sich weit komplexer dar als aus den obigen Darlegungen ersichtlich. Die bildungsrelevante Wirksamkeit der Familie reicht über ihren Beitrag zu Lernverhalten und Leistungen in der Schule beträchtlich hinaus. Ihre Mithilfe zur Welterschließung und zur Daseinsbewältigung ist vielfältiger Art: ist sie doch in der Lage, lebensdienliche Fähigkeiten und Dispositionen von Kindern im vor- und außerschulischen Bereich grundzulegen und zu fördern.

Familie ermöglicht ihren Mitgliedern durch Teilhabe an alltäglichen Lebens- und Handlungsvollzügen - besonders durch zahlreiche Interaktionen - allerlei Erfahrungen zu machen und Kompetenzen zu erwerben, die für den Entwicklungsgang von Bedeutung sind. So werden in der Familie bereits unterschiedliche Sinnvorstellungen, Werte und Verhaltensmuster an das Kind herangetragen, die nicht nur Orientierungs- und Erprobungsfunktion haben, sondern auch in mancher Hinsicht stimulieren und motivational disponieren. Kurzum: solchermaßen werden Verstehens- und Handlungspotenziale begründet, die dem Subjekt erlauben, den berechtigten Ansprüchen seiner Lebenswelt im Ganzen zu genügen. (Näheres dazu bei B. Hamann 2002, S. 141 ff.).

7. Einflüsse und Effekte des Unterrichts

Einschlägige Untersuchungen haben belegt, dass die Quantität des Unterrichtsangebots und die Qualität des Unterrichts einen wichtigen Einfluss auf die Schulleistung haben.

Um die Qualität des Unterrichts zu kennzeichnen, erscheint es nötig, Unterrichtseffekte nicht auf einzelne isolierte Unterrichtsvariable zurückzuführen, sondern mehrere Merkmale in ihrem Zusammenwirken als effektive Elemente zu identifizieren. In diesem Betracht gilt es, Grundorientierungen des Lehrerhandelns, die Präferierung bestimmter Unterrichtsstile (lehrerzentriert, schülerzentriert), die Bezugnahme auf bzw. Anwendung von bestimmten Lehr-Lernkonzepten hinsichtlich ihrer Unterrichtswirksamkeit einzuschätzen und in der Praxis in Anschlag zu bringen.

Die Reflexion des Unterrichts kann unter verschiedenen Schwerpunktsetzungen erfolgen: etwa unter Akzentuierung der Ziel-, Inhalts- und Methodendimension, der Strukturdimension, der Beziehungsdimension oder aus anderer Sicht (vgl. H. Ditton 2002, S. 199, s. a. J. Doll/M. Prenzel 2004; A. Helmke 2004). Besondere Aufmerksamkeit wird komplexen Unterrichtseffekten zuteil. Speziell interessiert dabei die Wechselwirkung zwischen Merkmalen des Unterrichts und der Schülerpersönlichkeit. Darüber hinaus beschäftigt sich die Forschung u. a. dezidiert mit folgenden vier Aspekten (A. Helmke/F. Schrader 2001, S.86 ff.):

- multikriteriale Wirksamkeit
- wechselseitige Kompensierbarkeit
- systematischer Charakter des Unterrichts und seiner Effekte
- Kontextspezifität.

Dazu können unter Bezugnahme auf spezifizierte Ausführungen bei A. Helmke/ F. Schrader (2001, S. 86 ff.) nachstehende Feststellungen getroffen werden.

Multikriteriale Wirksamkeit:
Im Schulunterricht werden vielfältige Ziele im kognitiven, motivationalen und sozialen Bereich verfolgt (z. B. Vermittlung von Kenntnissen, Förderung persönlicher Eigenschaften, sozial-gesellschaftliches Engagement, kulturelles Bewusstsein, selbstständiges Lernen u. a.). Solche verschiedenen Ziele harmonieren oft nicht, konkurrieren manchmal miteinander, so dass bestimmte Unterrichtsmethoden gegenläufige Effekte zu den angestrebten haben können. Was sich gelegentlich aus bestimmter Sicht als förderlich zeigt, kann aus anderer Perspektive sich als hinderlich erweisen. Es ist daher problematisch, angesichts multipler Zielkriterien von einem „guten" Unterricht zu sprechen ohne andere wichtige Bewertungskriterien mit ins Kalkül zu ziehen.

Wechselseitige Kompensierbarkeit:
Die Unterrichtsqualität hängt von mehreren Schlüsselvariablen ab. Welche dabei spezielle Wirksamkeit entfalten, ist nicht überall gleich. Wie der Vergleich von besonders „erfolgreichen" Lehrern und Klassen zeigt, gibt es da wie dort enorme Unterschiede. Welche Zielkriterien bevorzugt eine Rolle spielen, welche Kompetenzniveaus bei Lehrern und welche Engagements und Interessen auf Schülerseite dominieren, ist von Belang und beeinflusst Entscheidungen bei der Präferenz von Qualitätsmerkmalen des Unterrichts. Auffallend (und durch entsprechende Studienergebnisse belegt) ist dabei, dass eine wechselseitige Ausgleichs- und Austauschbarkeit von Unterrichtsmerkmalen (etwa betreffs Zielstellungen, Fächern, Methodeneinsatz u. a.) und Kompetenzen von Lehrern gegeben ist.

Systematischer Charakter des Unterrichts und seiner Effekte:
Wenn man die Unterrichtsqualität als mitbestimmenden Faktor der Schulleistung bezeichnet, darf man das Faktum nicht außer Acht lassen, dass sich Unterrichtsqualität und Schulleistung nicht wie in sich stabile Größen (unabhängige Variablen) zueinander verhalten, sondern sich in Wirklichkeit wechselseitig beeinflussen. Bei der Realisierbarkeit eines erfolgreichen („guten") Unterrichts bedarf es einer mehrdimensionalen Ausrichtung der erforderlichen Tätigkeiten in der Arbeit mit Klassen. Je nach dominanten Schwerpunktsetzungen kann die Aufgabenverteilung anders aussehen. Wird etwa vordergründig eine klare und verständliche Stoffbehandlung mit dem Ziel „Leistungszuwachs" angestrebt, kann der Zeit- und Kraftaufwand gegenüber anderen Aufgaben wie z. B. disziplinären, sozialpädagogischen, persönlichkeitfördernden u. a. Maßnahmen bzw. Betätigungsweisen zurückstehen. Wird hingegen schwerpunktmäßig Auf-

gabenstellungen resp. Anforderungen letztgenannter oder ähnlicher Arbeit Vorrang eingeräumt, können - sozusagen umgekehrt - an Erkenntnis- und Wissenszuwächsen orientierten Betätigungsweisen (Tätigkeiten) zurücktreten. Erfolgreicher Unterricht muss sowohl in der einen wie auch der anderen Richtung den erforderlichen An- bzw. Herausforderungen Genüge leisten. Was situationsangemessen jeweils vorrangig zu tun ist, kann nicht aus einseitiger Sicht geklärt und einer einzigen Quelle zugeschlagen werden. Gerechtfertigte Handlungsweisen können nur im Hinblick auf den systematischen Charakter des Zusammenspiels von Unterricht und Schulleistung begründet werden.

Kontextspezifität:
Unterrichtsqualität und Schulleistung bedingen sich - wie oben bereits festgestellt - gegenseitig. Ihr Zusammenwirken ist durch mehrere anderweitige Variablen mitbestimmt. Merkmale des Unterrichts und der Schulleistung gestalten sich in Wechselwirkung vielgestaltig. In ihrem Zusammenspiel sind sie keineswegs universell und kontextunabhängig gültig. In welcher Weise sie korrelieren und welche Effekte sie erzielen, kann mehrfältig bedingt sein. Verschiedenartige bzw. spezifische Kontexte spielen dabei eine erhebliche Rolle.

Als Kontexte können sich Unterschiede betreffs der Altersstufe (Altersspezifität) und der Aufgabentypen (Aufgabenspezifität) bedeutungsvoll erweisen. Es gibt aber auch noch andere Kontexte, welche die beidseitigen Beziehungen von Unterricht und Schulleistung merklich beeinflussen und beträchtliche Wirkungen erzeugen (können). So vermag die Schulklasse aufgrund ihres sozioemotionalen Klimas (Klasseneffizität) und das affektive Lehrer-Schüler-Verhältnis (als Kontextvariable) unterschiedliche Effekte erzielen (vgl. Beispiele zur variierenden Korrelation zwischen Leistungsangst und Schulleistung: A. Helmke/F. Schrader 2001, S. 88).

8. Neue Lernkultur

Im Rahmen der Neuerungsbestrebungen um das Schulwesen spielt in den Debatten der letzten Jahre u. a. auch das Schwerpunktthema „Neue Lernkultur" eine gewichtige Rolle.

Das neue Instrument der Bildungsstandards und die mit diesen verknüpften Maßnahmen der Schulentwicklung (speziell auch die Profilbildung von Schulen) haben erheblich zu einem Wandel der Schulkultur beigetragen. Während manche Autoren bei ihren Ausführungen zum Thema Lernkultur auch Aspekte der „alten" (traditionellen) Lernkultur einbeziehen (vgl. z. B. K. Westphalen 1998; M. Meyer 2005), ist der Großteil neuerer Publikationen deutlich(er) auf die Kennzeichnung neuer Methoden und Formen des Lehrens und Lernens als maßgeblichen Faktoren für die Verbesserung der schulischen Lernkultur fokussiert.

Zweckbestimmte Akzentsetzungen

In den Diskussionen über Revision der Lernkultur bekundet sich das Bestreben: Lehren, Lernen und Schule mittels neuer (erweiterter) Formen des Lehrens und Lernens so zu gestalten, dass die Lernenden in ihrem Selbst- und Weltverständnis gefördert, zur Bemeisterung individueller Lebensaufgaben sowie zur Teilhabe an und zu aktiver Mitgestaltung (des) gesellschaftlichen Lebens disponiert und in hohem Maße qualifiziert werden.
Verfechter der neuen Lernkultur plädieren für Autonomie, Selbststeuerung und Lebensnähe des Lernens. Als erstrebte Zielgrößen des Handelns entsprechen solche Merkmale dem zweckorientierten Postulat bzw. der Anforderung, auftretende Problemlagen und vorgegebene Aufgaben nicht (mehr) direktiv, sondern eigenverantwortlich zu bewältigen.

Unter dem Aspekt, dass Schule nicht nur Wissen, sondern auch Stile, Haltungen, Meinungen und Werte tradiert, stellen auf Neuerungen bedachte Autoren die Bedeutung offenen Unterrichts heraus und betonen den Wert handlungsorientierten, selbstständigen und kooperativen Lernens. Dem aktiven Lernen räumen sie Vorrang ein gegenüber dem rezeptiven Lernen und empfehlen, eigenständiges Lernen zum Ausgangspunkt aller curricularen und unterrichtlichen Anstrengungen zu machen (vgl. M. Meyer 2005, S. 8, 19).

Lernkompetenz als Faktorenbündel

Die durch verschiedene Formen des Lernens zu erwerbenden Leistungsvoraussetzungen und Handlungsvollzüge im individuellen und gesamtgesellschaftlichen Bereich werden heute vielfach unter dem Sammelbegriff „Lernkompetenz" gefasst, der ein ganzes Kompetenzbündel bezeichnet. Dieses Bündel, das in einen Katalog von Teilkomponenten mit Zielformulierungen differenziert und inhaltlich näher bestimmt (operationalisiert) werden kann, ist je nach vorrangig eingeschätzter Betrachtung bzw. Perspektive im Ganzen oder in Teilen Gegenstand von Forschung und Aufklärung.

Umfängliche Studien zu Verständnis und Förderung von Lernkompetenz und deren Teilkomponenten wurden im Unfeld der Bertelsmann-Stiftung durchgeführt. Aber auch sonstige Einrichtungen, wie z. B. das Deutsche Jugendinstitut, das Forum Bildung und eine Reihe von Autoren haben diesem Problemkomplex zugehörige Fragen - teilweise ausführlich - thematisiert (auswahlweise seien genannt: A. Czerwanski 2005; D. Diskowski/E. Hammes-Di Bernardo 2004; W. Helsper 2001; J. Keuffer u. a. 1998; J. Lipski 2005; M. Meyer 2005; A. Reinartz 2005). Solchem Bemühen liegt das Bewusstsein zugrunde, dass für Handlungsvollzüge in der modernen Gesellschaft Basisfähigkeiten und -fertigkeiten, fachübergreifende Kompetenzen, anschlussfähiges und anwendungsbezogenes Fach- und Orientierungswissen samt dem Auf- und Ausbau von Persönlichkeitseigenschaften unverzichtbar sind.

Ohne das Spektrum des Phänomens Lernkultur hier in gebührlicher Breite skizzieren zu können, sei der Blick auf einige Kernfragen begrenzt: so auf wesentliche miteinander verbundene Dimensionen der Lernkompetenz, auf Praktiken resp. Wege schulischer Kompetenzförderung und einige Empfehlungen an das Bildungssystem. Auf einige solche Fragen betreffende Erkenntnisse, die von einem Expertenteam aufgrund von Erfahrungen aus der Praxis innovativer Schulen im Schulnetzwerk der Bertelsmann-Stiftung gewonnen wurden, soll im Folgenden präzise Bezug genommen werden (vgl. bes. A. Czerwanski u. a. 2005)

Dimensionen der Lernkompetenz

Der Aufbau von Lernkompetenz gehört zweifellos zu den schulischen Hauptaufgaben. Zur Ermöglichung und Vorbereitung auf lebenslanges Lernen ist das sozusagen unverzichtbare Bedingung. Jüngere Lehrpläne orientieren daher mehrheitlich auf die Entwicklung der Lernkompetenz als einem zentralen Bildungsziel von Schule und Unterricht. In dem Bestreben, eine optimale lebensweltliche Ausstattung grundzulegen fordern sie nicht nur inhaltlich-fachliches Lernen ein, sondern gleichermaßen methodisch-strategisches, sozial-kommunikatives, selbsterfahrendes und selbstbeurteilendes Lernen (A. Czerwanski u. a. 2005, S. 25).

Laut Expertenmeinung - auf die hier zustimmend Bezug genommen werden soll - umfasst die mehrere Teilkomponente involvierende Lernkompetenz folgende miteinander verbundene Dimensionen:

– Sach- und Methodenkompetenz,
– soziale Kompetenz,
– Selbstkompetenz (personale Kompetenz).

Sachkompetenz:
Diese bekundet sich in der Fähigkeit, sachliche Kenntnisse und Einsichten in verschiedenen Fachgebieten zu erwerben und diese in fächerübergreifenden Zusammenhängen und für Problemlösungen anzuwenden.

Methodenkompetenz:
Diese äußert sich im Vermögen, die eigene Tätigkeit (Lernvollzug) bewusst, zielorientiert und kreativ zu gestalten und dabei auf ein Repertoire geeigneter Methoden zurückzugreifen. Die Entwicklung sowie der Erwerb von Methodenkompetenz sind nur in Zusammenhang mit konkreten Inhalten möglich.

Soziale Kompetenz:
Diese bezeichnet die Fähigkeit, in wechselnden sozialen Situationen und angesichts unterschiedlicher Aufgaben und Probleme in einer Lerngruppe sich zu bemühen, eigene und übergeordnete Ziele erfolgreich in Einklang mit anderen Beteiligten zu verfolgen. Dazu gehören die Bereitschaft, Hilfe anzubieten und

anzunehmen, solidarisch zu handeln, kooperationsfähig zu sein, für sich und für andere Verantwortung zu übernehmen.

Selbstkompetenz:

Diese im eigenen Bewusstsein und Selbstwertgefühl gegründete Fähigkeit (auch personale Kompetenz genannt) umfasst grundlegende Einstellungen, Werthaltungen und Motivationen, die das Lernverhalten des Einzelnen beeinflussen. Das Vertrauen in die eigenen Fähigkeiten konstituiert die Wahrnehmungen und Einschätzungen der lernbezogenen Gegebenheit bezüglich sich selbst und der Auseinandersetzung mit der Umwelt: etwa einschließlich Kritik, Setzung eigener Lern- und Verhaltensziele, moralischer Urteile. (Zum Aufweis weiterer Kompetenz-Merkmale vgl. ebd., S. 30 ff.)

Wege zur Lernkompetenzförderung in der schulischen Praxis

Die Frage nach verschiedenen schulpraktischen Möglichkeiten, eine lernkompetenzfördernde Lernkultur zu gestalten, lenkt den Blick auf Teilziele und gangbare Wege resp. konkrete Maßnahmen in den fünf Feldern: Unterricht, Klassen- und Schulleben, innerschulische Strukturen, Kooperation mit Eltern, Kooperation mit außerschulischen Partnern (vgl. A. Czerwanski u. a. 2005, S. 35 ff., insbes. S. 106 ff., 140 ff.).

Ergebnisse entsprechender Recherchen und Auswertung in oben genannten Netzwerkschulen und anderwärts durchgeführter Erhebungen führten zu folgendem Resümee: Schulen können auf unterschiedlichen Wegen - direkt oder indirekt - Kompetenzförderung bewirken. Sie nutzen dabei vielfältige Formen der schulorganisatorischen Einbettung und der didaktisch-methodischen Realisierung, wobei die Vernetzung mit dem Fachunterricht und die Reflexion des Lernens besonders wichtig sind (ebd., S. 106).

Drei „Wege zur Lernkompetenz" erweisen sich deutlich als realisierbar und effektiv. Der erste Weg ist charakterisiert durch eine implizite Förderung von Lernkompetenz vorrangig durch organisatorisch verankerte Phasen eines offenen, handlungsorientierten, Freiarbeit gewährenden oder projektbezogenen Unterrichts. Der zweite Weg intendiert eine explizite Förderung von Lernkompetenz vorrangig durch ein Konzept, in dem Methoden und Techniken des Lernens (vor allem im Bereich der Sekundarstufen) ausdrücklich zum Aneignungsgegenstand gemacht und trainiert werden. Systematisches Kompetenztraining zur Erzielung von Lernfortschritten ist mancherorts in schulinternen Lehrplänen (sogar bestimmter Unterrichtsfächer) ausgewiesen. Der dritte Weg der Kompetenzförderung ist dadurch gekennzeichnet, dass die Schule zunächst indirekt über Veränderung der Lernkultur und Lernqualität erstrebenswerte Ziele zu erreichen sucht, jedoch bei der Feststellung von „Lücken" sich zu ergänzenden direkten Maßnahmen herausgefordert sieht. Wird bei der Etablierung offener Lernformen bemerkt, dass den Schülern bestimmte Teilkompetenzen fehlen, so müssen diese bewusst gemacht und durch entsprechende Trainings vermittelt werden (Näheres dazu: ebd., S. 106 ff., s. a. S. 116).

Zusammenarbeit von Schulen und außerschulischen Akteuren

Im Rahmen der Diskussion um Verbesserung des Bildungssystems - insbesondere des Schul- und Unterrichtswesens - durch eine neue Lernkultur wurde u. a. auch die Forderung nach einer konzeptionellen Einheit von Unterricht und außerschulischen Aktivitäten laut. Das Projekt „Schule und soziale Netzwerke", dem sich seit längerer Zeit das Deutsche Jugendinstitut (München) angenommen hat, zeigt sich bemüht, diesem Postulat stattzugeben.

Die Kooperation von Schulen mit außerschulischen Partnern erfolgt auf mehreren Feldern. Die wichtigsten Partner der Schulen sind dabei die schulnahen Dienste, die Einrichtungen und Betriebe in der Kommune sowie andere Schulen (Näheres dazu: J. Lipski 2005, S. 5).

Als anvisierte und erreichbare Ergebnisse des genannten (auch seitens der Kultusministerkonferenz unterstützten) Projekts, d. h. als die aus der Zusammenarbeit bezeichneter Kooperationspartner sich ergebenden Resultate können vornehmlich in Folgendem gesehen werden: Den Schülern werden dabei neue Erfahrungs- und Handlungsräume eröffnet. „Anstelle des schulischen Lernens auf Vorrat findet hier eher ein Lernen nach aktuellem Bedarf statt." Besonders hoch einzuschätzen ist die Tatsache, dass die Schüler aufgrund spezifischer Angebote mit grundlegenden Merkmalen und erforderlichen Handlungsweisen der modernen Arbeitswelt konfrontiert werden. Als Positivum wird zudem gewertet, dass - speziell auch in außerunterrichtlichen Aktivitäten und Projekten - individuelle Interessen und Begabungen in hohem Maße berücksichtigt werden sowie im praktischen Umgang mit lebensweltlichen Problemen die subjektive Lebensführung gefördert und unterstützt wird (ebd., S. 6 f.).

9. Schlussbemerkungen

Für das gegenwärtige Bildungswesen ist kennzeichnend, dass es telekommunikative Züge trägt. Der wachsende Einfluss der Informations- und Kommunikationstechnologien verleiht dem privaten und gesellschaftlichen Leben ein neues Gepräge, das sich bis hinein in die Lebensgewohnheiten kundgibt. Die derzeitigen lebensweltlichen Transformationen der globalen Welt (mit ihren technologischen und soziokulturellen Wandlungen) fordern Theorie und Praxis von Bildung in einem bisher nicht recht wahrgenommenen Umfang heraus. Hinsichtlich der zu bewältigenden Lebensprobleme fallen dem Bildungssystem vielfältige Aufgaben bzw. Anforderungen zu. Speziell der Bildungsbereich Schule mit seinem Unterrichtsgeschehen - zu dem noch Postulate anderer Bildungsfelder bzw. -agenturen hinzukommen - verlangt dabei eine nachhaltige Bedeutung. Seine

Relevanz für Welterschließung, Selbstverständnis und Lebensvollzug ist nicht zu leugnen.

Um auf spezifische Bildungsleistungen zu verweisen, nach denen die Bildungsqualität eines Bildungssystems überhaupt erst bewertet werden kann, sei der Blick auf folgende Fakta gelenkt: Bildung ermöglicht ein welterschließendes und der Lebensführung dienliches Basiswissen grundzulegen sowie handlungsleitende Erkenntnisse und Gestaltungsformen anzubahnen. Diesbezüglich sind die durch Bildung erworbenen Kenntnisse, Perspektiven, Haltungen und Kompetenzen wirksam. Sie fungieren als fundierende oder mitgestaltende Faktoren hinsichtlich individualer (humaner) Entfaltung sowie mitgestaltender (verantwortlicher) Teilnahme am realen Leben der Gegenwart bzw. an Entwicklungen in personaler, gesellschaftlicher, sozialer, kultureller und wirtschaftlicher Hinsicht.

Die Anforderungen an das Bildungswesen, zu welchem die Vielfalt von neuen Bildungsinhalten, die Standardisierung von Lernmethoden und die Demokratisierung von Bildungschancen (Differenzierung schulischer Bildungsmöglichkeiten) gehören, sind sehr hoch und verlangen die Erfüllung mannigfaltiger Aufgaben. Solche betreffen großteils das Spektrum schulischer Leistungen. Um einige zu benennen, die unter den als vordringlich zu bewerkstelligenden einzuordnen sind, sei (stichwortartig) auf folgende verwiesen:

– Disponierung und Qualifizierung für Lernen,
– Praktifizierung von Kernforderungen sog. „neuer Lernkultur",
– schrittweiser Auf- und Ausbau vielfältiger Kompetenzen,
– Motivierung der Schüler zu Engagement für dingliche und geistige Ansprüche der realen Lebenswelt.

Die Berücksichtigung dieser und anderer oben gekennzeichneter Komponenten des schulischen Aufgabenkomplexes sollen und können dazu beitragen, das Bildungswesen (insonderheit das schulische Bildungswesen) effizienter zu gestalten. Die Hauptprobleme des heutigen Bildungswesens - unter denen besonders die mangelnde Motivation der Schüler, inhaltliche Defizite sowie strukturelle Unzugänglichkeiten moniert werden - sollen reduziert bzw. in positivem Sinne formiert werden: mit dem Ziel eines zukunftsfähigen hohen Bildungsniveaus.

Am Niveau von Bildung bzw. an Steigerung von Bildungseffekten sind nicht nur Bildungsakteure beteiligt. Maßgeblicher Anteil daran kommt auch anderen Faktoren zu. Diesbezüglich ist u. a. auf Potenziale von Medien und wissenschaftlichen Disziplinen aufmerksam zu machen. Wo immer es um Erweiterung von Wissen und Können geht, sind diese herausgefordert. Spezielle Erwartungen sind an Ergebnisse der Schulforschung geknüpft. Das hier in wissenschaftlichen Untersuchungen ermittelte Material erweist sich in mehrfacher Hinsicht nützlich: Es ermöglicht aufgrund empirisch belegter Daten zuverlässige Urteile über vorhandene oder zu ändernde Strukturen und Bildungsinhalte. Es unterstützt die Festlegung von Standards, begünstigt ferner die Bereitstellung von Instrumenten zur Evaluation eines Gesamtansatzes zum Bildungserwerb.

Außerdem erlaubt es auch, ein brauchbares Bildungskonzept zu markieren, das theorie- und praxisbezogen darauf angelegt ist, Kompetenzen und wesentliche Elemente eines umfangreichen Bildungshorizontes zu integrieren.

10. Literatur

Apel, Hans Jürgen/Sacher, Werner (Hrsg.) (2005). Studienbuch Schulpädagogik. 2. Aufl. Bad Heilbrunn.

Arbeitsstab Forum Bildung (Hrsg.) (2000). Erster Kongress des Forum Bildung am 14. und 15. Juli in Berlin. Materialien des Forum Bildung 3. Bonn.

Arbeitsstab Forum Bildung (Hrsg.) (2001). Empfehlungen des Forum Bildung. Bonn.

Baumert, Franzjörg/Lange, Ute/Wigger, Lothar (Hrsg.) (2005). Theorien des Unterrichts. Erläuterungen, Texte, Arbeitsaufgaben. Bad Heilbrunn.

Bildungsreformen. Themenheft „Aus Politik und Zeitgeschichte". (Beilage zur Wochenzeitung „Das Parlament"), Heft 12/2005.

Czerwanski, Annette/Solzbacher, Claudia/Vollstädt, Witlof (Hrsg.) (2005). Förderung von Lernkompetenz in der Schule. Bd. 1: Recherche und Empfehlungen. 2. Aufl. Gütersloh.

Diskowski, Detlef/Hammes-Di Bernardo, Eva (Hrsg.) (2004). Lernkulturen und Bildungsstandards. Kindergarten und Schule zwischen Vielfalt und Verbindlichkeit (Pestalozzi-Fröbel-Verband Jahrbuch 9). Baltmannsweiler.

Ditton, Hartmut (2002). Unterrichtsqualität - Konzeptionen, methodische Überlegungen und Perspektiven. Unterrichtswissenschaft, 30 (3) 197-213.

Döbert, Hans u. a. (Hrsg.) (2003). Bildung vor neuen Herausforderungen. Historische Bezüge - Rechtliche Aspekte - Steuerungsfragen - Internationale Perspektiven. Neuwied/Kriftel.

Doll, Jörg/Prenzel, Manfred (Hrsg.) (2004). Bildungsqualität von Schule. Lehrerprofessionalisierung, Unterrichtsentwicklung und Schülerförderung als Strategien der Qualitätsverbesserung. Münster.

Ehrenspeck, Yvonne (2004). Bildung. In H.-H. Krüger/C. Grunert (Hrsg.), Wörterbuch Erziehungswissenschaft, S. 64-71. Wiesbaden.

Einsiedler, Wolfgang (1997). Unterrichtsqualität und Leistungsentwicklung.. Literaturüberblick. In F. E. Weinert/A. Helmke (Hrsg.), Entwicklung im Grundschulalter, S. 225-240. Weinheim.

Fifzner, Thilo (2003) Bildungsstandards. Internationale Erfahrungen - Schulentwicklung - Bildungsreformen (edition akademie 1). Bad Boll.

Hamann, Bruno (1994). Theorie pädagogischen Handelns. Strukturen und Formen erzieherischer Einflussnahme. Donauwörth.

Hamann, Bruno (2005). Pädagogische Anthropologie. 4. Aufl. Frankfurt/M. u. a.

Hamann, Bruno/Hamann, Birgitta (2002). Neue Herausforderungen für eine zeitgemäße und zukunftsorientierte Schule. Frankfurt/M. u. a.

Heller, Kurt (1997). Individuelle Faktoren der Schulleistung. Literaturüberblick. In F. E. Weinert/A. Helmke (Hrsg.), Entwicklung im Grundschulalter, S. 183-201. Weinheim.

Helmke, Andreas (2004). Unterrichtsqualität. Erfassen - Bewerten - Verbessern. 3. Aufl. Velber.

Helmke, Andreas/Schrader, Friedrich-Wilhelm (2001). Determinanten der Schulleistung. In D. H. Rost (Hrsg.), Handwörterbuch Pädagogische Psychologie, 2. Aufl., S. 81-91. Weinheim.

Helmke, Andreas/Weinert, Franz E. (1997). Bedingungsfaktoren schulischer Leistungen. In F. E. Weinert (Hrsg.), Psychologie des Unterrichts und der Schule, S. 71-176. Göttingen.

Helsper, Werner u. a. (2001). Schulkultur und Kulturmythos. Rekonstruktionen zur Schulkultur I. Opladen.

Hepting, Roland (2004). Zeitgemäße Methodenkompetenz im Unterricht. Eine praxisnahe Einführung in neue Formen des Lehrens und Lernens. Bad Heilbrunn.

Holtappels, Heinz G. u. a. (Hrsg.) (2004). Jahrbuch der Schulentwicklung. Bd. 13. Daten, Beispiele und Perspektiven. Weinheim/München.

Keuffer, Josef u. a. (Hrsg.) (1998). Schulkultur als Gestaltungsaufgabe. Partizipation - Management - Lebensweltgestaltung. Weinheim.

Kirchenamt der EKD (Hrsg.) (2003). Maße des Menschlichen. Evangelische Perspektiven zur Bildung in der Wissens- und Lerngesellschaft. Eine Denkschrift. 2. Aufl. Gütersloh.

Klein, Helmut E./Hüchtermann, Marion (2003). Schulsystem: Indikatoren für Leistung und Effizienz. In H.-P. Klös/R. Weiß (Hrsg.), Bildungs-Benchmarking Deutschland. Was macht ein effizientes Bildungssystem aus? S. 87-207. Köln.

Klös, Hans-Peter/Hünnecke, Axel (2003). Bildung in Deutschland: eine bildungsökonomische Einordnung. In H.-P. Klös/R. Weiß (Hrsg.), Bildungs-Benchmarking Deutschland. Was macht ein effizientes Bildungssystem aus? S. 17-42. Köln.

Lipski, Jens (2005). Kooperation von Schulen mit außerschulischen Akteuren - Chance für eine neue Lernkultur? DJI Bulletin 71/2005, 4-7.

Meyer, Meinert A. (2005). Stichwort: Alte oder neue Lernkultur? Zeitschrift für Erziehungswissenschaft, 8 (1) 5-27.

Meyer, Meinert A./Sander, Uwe (2005). Schwerpunkt: Neue Lernkultur. Editorial. Zeitschrift für Erziehungswissenschaft, 8 (1). 3-4.

Oelkers, Jürgen (Hrsg.) (2001). Zukunftsfragen der Bildung. 43. Beiheft der Zeitschrift für Pädagogik. Weinheim/Basel.

Prenzel, Manfred/Doll, Jörg (Hrsg.) (2002). Bildungsqualität von Schule. 45. Beiheft der Zeitschrift für Pädagogik. Weinheim/Basel.

Rauschenbach, Thomas (2005). Plädoyer für ein neues Bildungsverständnis. In Aus Politik und Zeitgeschichte 12/2005, 3-6.

Reinartz, Andrea (2005). Sammelrezension: Lernkultur. Zeitschrift für Erziehungswissenschaft, 8 (1) 135-141.

Schule im Wandel. Heftthema „Das Parlament", 55. Jg., Nr. 30/31, S. 1-14.

Tippelt, Rudolf (Hrsg.) (2002). Handbuch Bildungsforschung. Opladen.

Westphalen, Klaus (1998). Neue Schul- und Lernkultur? Kritische Würdigung des „pädagogischen Zeitgeistes". In Bayerisches Staatsministerium für Unterricht, Kultus, Wissenschaft und Kunst (Hrsg.), Wissen und Werte für die Welt von morgen. Dokumentation. München.

ERZIEHUNGSKONZEPTIONEN UND PRAXIS

Herausgeber: Gerd-Bodo von Carlsburg

Band 1 Barbara Hellinge / Manfred Jourdan / Hubertus Maier-Hein: Kleine Pädagogik der Antike. 1984.

Band 2 Siegfried Prell: Handlungsorientierte Schulbegleitforschung. Anleitung, Durchführung und Evaluation. 1984.

Band 3 Gerd-Bodo Reinert: Leitbild Gesamtschule versus Gymnasium? Eine Problemskizze. 1984.

Band 4 Ingeborg Wagner: Aufmerksamkeitsförderung im Unterricht. Hilfen durch Lehrertraining. 1984.

Band 5 Peter Struck: Pädagogische Bindungen. Zur Optimierung von Lehrerverhalten im Schulalltag. 1984.

Band 6 Wolfgang Sehringer (Hrsg.): Lernwelten und Instruktionsformen. 1986.

Band 7 Gerd-Bodo Reinert (Hrsg.): Kindgemäße Erziehung. 1986.

Band 8 Heinrich Walther: Testament eines Schulleiters. 1986.

Band 9 Gerd-Bodo Reinert / Rainer Dieterich (Hrsg.): Theorie und Wirklichkeit - Studien zum Lehrerhandeln zwischen Unterrichtstheorie und Alltagsroutine. 1987.

Band 10 Jörg Petersen / Gerhard Priesemann: Einführung in die Unterrichtswissenschaft. Teil 1: Sprache und Anschauung. 2., überarb. Aufl. 1992.

Band 11 Jörg Petersen / Gerhard Priesemann: Einführung in die Unterrichtswissenschaft. Teil 2: Handlung und Erkenntnis. 1992.

Band 12 Wolfgang Hammer: Schulverwaltung im Spannungsfeld von Pädagogik und Gesellschaft. 1988.

Band 13 Werner Jünger: Schulunlust. Messung - Genese - Intervention. 1988.

Band 14 Jörg Petersen / Gerhard Priesemann: Unterricht als regelgeleiteter Handlungszusammenhang. Ein Beitrag zur Verständigung über Unterricht. 1988.

Band 15 Wolf-Dieter Hasenclever (Hrsg.): Pädagogik und Psychoanalyse. Marienauer Symposion zum 100. Geburtstag Gertrud Bondys. 1990.

Band 16 Jörg Petersen / Gerd-Bodo Reinert / Erwin Stephan: Betrifft: Hausaufgaben. Ein Überblick über die didaktische Diskussion für Elternhaus und Schule. 1990.

Band 17 Rudolf G. Büttner / Gerd-Bodo Reinert (Hrsg.): Schule und Identität im Wandel. Biographien und Begebenheiten aus dem Schulalltag zum Thema Identitätsentwicklung. 1991.

Band 18 Eva Maria Waibel: Von der Suchtprävention zur Gesundheitsförderung in der Schule. Der lange Weg der kleinen Schritte. 3. Aufl. 1994.

Band 19 Heike Biermann: Chancengerechtigkeit in der Grundschule – Anspruch und Wirklichkeit. 1992.

Band 20 Wolf-Dieter Hasenclever (Hrsg.): Reformpädagogik heute: Wege der Erziehung zum ökologischen Humanismus. 2. Marienauer Symposion zum 100. Geburtstag von Max Bondy. 1993. 2., durchges. Aufl. 1998.

Band 21 Bernd Arnold: Medienerziehung und moralische Entwicklung von Kindern. Eine medienpädagogische Untersuchung zur Moral im Fernsehen am Beispiel einer Serie für Kinder im Umfeld der Werbung. 1993.

Band 22 Dimitrios Chatzidimou: Hausaufgaben konkret. Eine empirische Untersuchung an deutschen und griechischen Schulen der Sekundarstufen. 1994.

Band 23 Klaus Knauer: Diagnostik im pädagogischen Prozeß. Eine didaktisch-diagnostische Handreichung für den Fachlehrer. 1994.

Band 24 Jörg Petersen / Gerd-Bodo Reinert (Hrsg.): Lehren und Lernen im Umfeld neuer Technologien. Reflexionen vor Ort. 1994.

Band 25 Stefanie Voigt: Biologisch-pädagogisches Denken in der Theorie. 1994.

Band 26 Stefanie Voigt: Biologisch-pädagogisches Denken in der Praxis. 1994.

Band 27 Reinhard Fatke / Horst Scarbath: Pioniere Psychoanalytischer Pädagogik. 1995.

Band 28 Rudolf G. Büttner / Gerd-Bodo Reinert (Hrsg.): Naturschutz in Theorie und Praxis. Mit Beispielen zum Tier-, Landschafts- und Gewässerschutz. 1995.

Band 29 Dimitrios Chatzidimou / Eleni Taratori: Hausaufgaben. Einstellungen deutscher und griechischer Lehrer. 1995.

Band 30 Bernd Weyh: Vernunft und Verstehen: Hans-Georg Gadamers anthropologische Hermeneutikkonzeption. 1995.

Band 31 Helmut Arndt / Henner Müller-Holtz (Hrsg.): Schulerfahrungen – Lebenserfahrungen. Anspruch und Wirklichkeit von Bildung und Erziehung heute. Reformpädagogik auf dem Prüfstand. 2. Aufl. 1996.

Band 32 Karlheinz Biller: Bildung erwerben in Unterricht, Schule und Familie. Begründung – Bausteine – Beispiele. 1996.

Band 33 Ruth Allgäuer: Evaluation macht uns stark! Zur Unverzichtbarkeit von Praxisforschung im schulischen Alltag. 1997. 2., durchges. Aufl. 1998.

Band 34 Christel Senges: Das Symbol des Drachen als Ausdruck einer Konfliktgestaltung in der Sandspieltherapie. Ergebnisse aus einer Praxis für analytische Psychotherapie von Kindern und Jugendlichen. 1998.

Band 35 Achim Dehnert: Untersuchung der Selbstmodelle von Managern. 1997.

Band 36 Shen-Keng Yang: Comparison, Understanding and Teacher Education in International Perspective. Edited and introduced by Gerhard W. Schnaitmann. 1998.

Band 37 Johann Amos Comenius: Allverbesserung (Panorthosia). Eingeleitet, übersetzt und erläutert von Franz Hofmann. 1998.

Band 38 Edeltrud Ditter-Stolz: Zeitgenössische Musik nach 1945 im Musikunterricht der Sekundarstufe I. 1999.

Band 39 Manfred Luketic: Elektrotechnische Lernsoftware für den Technikunterricht an Hauptschulen. 1999.

Band 40 Gerhard Baltes / Brigitta Eckert: Differente Bildungsorte in systemischer Vernetzung. Eine Antwort auf das Problem der funktionellen Differenzierung in der Kooperation zwischen Jugendarbeit und Schule. 1999.

Band 41 Roswit Strittmatter: Soziales Lernen. Ein Förderkonzept für sehbehinderte Schüler. 1999.

Band 42 Thomas H. Häcker: Widerstände in Lehr-Lern-Prozessen. Eine explorative Studie zur pädagogischen Weiterbildung von Lehrkräften. 1999.

Band 43 Sabine Andresen / Bärbel Schön (Hrsg.): Lehrerbildung für morgen. Wissenschaftlicher Nachwuchs stellt sich vor. 1999.

Band 44 Ernst Begemann: Lernen verstehen – Verstehen lernen. Zeitgemäße Einsichten für Lehrer und Eltern. Mit Beiträgen von Heinrich Bauersfeld. 2000.

Band 45 Günter Ramachers: Das intrapersonale Todeskonzept als Teil sozialer Wirklichkeit. 2000.

Band 66 Ralph Olsen / Hans-Bernhard Petermann / Jutta Rymarczyk (Hrsg.): Intertextualität und Bildung – didaktische und fachliche Perspektiven. 2006.

Band 67 Bruno Hamann: Bildungssystem und Lehrerbildung im Fokus aktueller Diskussionen. Bestandsaufnahme und Perspektiven. 2006.

www.peterlang.de

Elke Hartmann (Hrsg.)

Technische Bildung in Unterrichtsforschung und Lehrerbildung

Tagung der EGTB und der Martin-Luther-Universität Halle-Wittenberg

Frankfurt am Main, Berlin, Bern, Bruxelles, New York, Oxford, Wien, 2005.
200 S., zahlr. Abb. und Tab.
ISBN 3-631-53225-3 · br. € 39.–*

Technische Bildung in der Schule gehört zu den zukunftsfähigen Elementen einer modernen Allgemeinbildung. Eine adäquate Lehrerausbildung erfüllt ihren Anspruch auf Zukunftsfähigkeit u. a. durch den Einsatz moderner Lehr- und Lernmedien wie das E-Learning. Beide Seiten – Technikunterricht und Lehrerausbildung – waren Gegenstand einer wissenschaftlichen Tagung. Ein über zwei Schulhalbjahre angelegter Unterrichtsversuch sollte einerseits die Umsetzbarkeit der Rahmenrichtlinien an Gymnasien aufzeigen, andererseits aber auch die Wirkung von Technikunterricht auf Wissen, Einstellungen und Interessen von Schülern und Schülerinnen zur Technik herausarbeiten. Ein gemeinsames Projekt zweier Universitäten stellt Ergebnisse zur Nutzung des Internets in der Lehrerausbildung an zentralen Themen vor. Ein Resümee zum Stand der technischen Bildung in Polen, Ungarn und Deutschland schließt den Band ab.

Aus dem Inhalt: Konzept und wichtige Ergebnisse einer empirischen Untersuchung zum Technikunterricht · Konzeption der Unterrichtseinheiten: Trinkwasser- und Abwassertechnik, Nutzung erneuerbarer Energien, Grundlagen des Steuerns und Regelns · Konzepte und Vorschläge zum E-Learning in der Lehrerausbildung an Themen wie Energieeinsparung im Haus oder Technikdidaktik und Soziotechnik · Stand und Probleme der technischen Bildung in den Ländern Polen, Ungarn und Deutschland

Frankfurt am Main · Berlin · Bern · Bruxelles · New York · Oxford · Wien
Auslieferung: Verlag Peter Lang AG
Moosstr. 1, CH-2542 Pieterlen
Telefax 00 41 (0) 32 / 376 17 27

*inklusive der in Deutschland gültigen Mehrwertsteuer
Preisänderungen vorbehalten

Homepage http://www.peterlang.de

Peter Lang · Europäischer Verlag der Wissenschaften